《身價1億投資大師傳授，小資上班族一定要偷學的理財術》

暢銷經典
改版

翻轉你的小資人生

學會四大理財術，死薪水也能輕鬆實現財富自由

固定薪水讓你難以施展手腳？
投資經常不成功，卻不知問題出在哪？

Financial Planning Basics You Must Know

財經投資專家｜暢銷理財書作者
張真卿

理出上億身家的投資大師・理財觀念不藏私大公開！
四大理財術，幫你找到適合自己的投資工具。
就算只有**兩千元**，也可以將小錢變大錢！

身價1億投資大師傳授理財術，小資上班族一定要偷學的原因：

- 大師投入金融市場30年，金融知識與實戰豐富，累積獨特理財觀與財富

- 免花高額學費，一書在手，就能學到大師至今奉行不悖的理財觀念與心得

- 依職場年資、月收入、個性分類，讓你對號入座，找到適合自己的投資工具

- 內容深入淺出，循序漸進，第一遍看不懂沒關係，第二遍絕對能看懂！

目錄
Content

第1章 投資大師的基礎理財術I
勤做功課，轉換成投資腦袋
管理財富的基礎算式：收入－支出＝餘額……10
擁有十五項特質，你也將是成功的投資者……18
不可或缺基本五要件……20
擁有良好五大心態……26
不犯投資常犯的五錯誤……29
勤看＋看正確，看出新聞中的黃金屋……35

第2章 投資大師的基礎理財術II
存款，不只是存，更要聰明規劃
理財致富第一步：存款……52
銀行存款的種類有哪些？……53
規劃你的存摺……64
「記」出財富——善用家計簿，節流又開源……68

聰明節稅和避稅，理財才周全 …… 78
綜合所得稅節稅方案 …… 79
什麼投資工具能節稅？ …… 82

第3章 投資大師的基礎理財術III 徹底瞭解所用投資工具，靈活運用不困難

基金篇
第一次認識共同基金就搞懂 …… 86
何謂共同基金？ …… 88
四種資訊教你挑對長期投資基金 …… 90
如何開立基金帳戶？ …… 92
如何申購和贖回基金？ …… 93
投資基金成本怎麼算？ …… 96
如何蒐集基金相關資訊？ …… 98
瞭解共同基金的種類，以選出適合自己的 …… 103
基金要管也要理 …… 127

目錄

Content

基金贖回或轉換時機……128
基金計價幣別怎麼選？……133
選擇配息基金，還是不配息基金？……138
管理基金小技巧……140

股票篇

散戶的投資操作策略……147
有利可圖的股票怎麼選？……149
股市五大心法，選定策略不盲從……155
投資股票需牢記七守則……161
投資股市最重要的事——風險控管……165
兩種投資股市的風險……167
四種方法控管投資股票的風險……170
適時停損和停利，不怕沒柴燒……173

可轉換公司債篇

進可攻退可守的可轉換公司債……177
什麼是可轉換公司債？……177
可轉換公司債的投資策略……180

查詢可轉換公司債方法……183

外匯篇

最便利的外匯投資工具——外幣存款……184
什麼是外匯？……184
最親民易上手的外幣存款……185
外幣存款注意事項……187

第4章
投資大師的基礎理財術IV
運用投資計劃七步驟，理財致富循序漸進

擬定小額投資計劃七步驟……192

小資理財對號入座實戰篇

進入職場0－3年初級班……202
進入職場3－6年中階班……214
進入職場6－9年高階班……225
依個性和月收入選擇投資工具……236

第一章

投資大師的
基礎理財術

❶

勤做功課，
轉換成投資腦袋

管理財富的基礎算式：收入－支出＝結餘

許多人認為投資理財是件複雜且難懂的事，尤其涉及各種不同的投資標的，往往望之卻步，然而現代人已不得不面對理財的問題，否則在物價上漲的今天，若不重視金錢的管理，不但不容易掌握自己的經濟生活，面對日後人生長遠的路途所可能遭遇的財務問題，也會因應無方而呈現窘態。

有錢的人要理財，沒錢的人更要理財，尤其是一般固定收入的薪水階層更需特別重視，因為**理財可讓錢變得有價值，也能衍生出更多財富**。

理財也要越早開始越好，若資金不多，還是可以嘗試從小資金開始，累積經驗值，瞭解理財的步驟和流程，多多練習，就可以抓住個中訣竅。

理財就是管理你的財富，在個人理財的流程方面，有下列三種模式，基礎都是從「收入－支出＝結餘」出發，你可以依據你的薪資水準、消費模式和資產多寡，來決定要採用哪一種。

一、理性支出，運用結餘來理財

一般上班族是工作，然後每月有收入，之後扣掉每月的支出，得到結餘再來進行理財規劃。由下方的個人理財流程圖(1)可以知道，「收入－支出＝結餘」，這個概念就等於**個人每月損益表**。例如你工作收入5萬元，花費3萬元，結餘2萬元，又例如你工作收入6萬元，花費5萬元，結餘1萬元，由上面的例子也可知，並非收入多就結餘多，**重點在結餘**。結餘多，理財的資金就多，結餘少，理財

個人的理財流程圖（1）

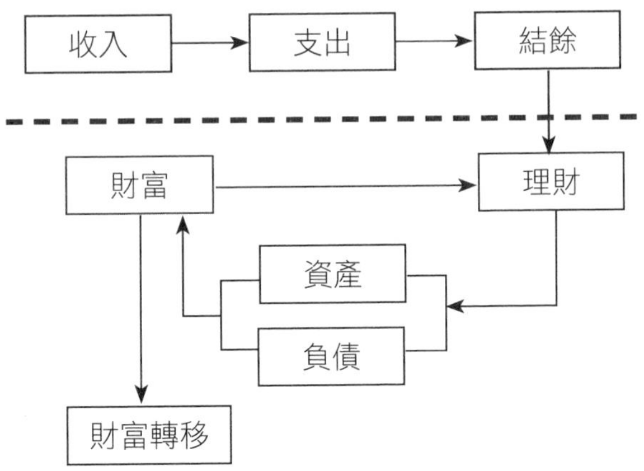

的資金就變少，而增加收入，節省開支，是創造結餘的不二法門。

在增加收入方面，職場上的升遷或下班後的兼職，都是增加收入的方法。若是剛出社會的新鮮人，本質學能、專業知識或人脈關係都還在學習和累積中，因此要靠時間和體力來增加收入，只要彎得下腰，做其他人不願意做的，或是別人不要做的工作，都可以增加自己的收入。我有一位在電子公司上班的朋友，他常常幫不方便加班的同事代班，不但解決同事的不便，也與同事建立好關係，並增加自己的收入，可說一舉三得。

在支出方面，能省則省，不該花的錢就不要花，該花的錢就要有計劃地支出，才是理性的消費，當然，支出少，結餘就變多，理財的靈活度就加大了。為了有效率地控管支出，可以事先規劃自己的支出預算表，並在事後檢討，或是規定每個月只能花費多少錢，來控制消費的欲望。

流程圖的上半部是個人每月的損益表，下半部就是個人的「資產負債表」。一般年輕人在理財的規劃上，要先重視自己每月的損益表，等到損益表穩定後，就要好好規劃自己的理財計劃了。

二、訂出每月結餘目標，使用結餘來理財

第二種理財規劃，是事先訂定每月結餘，再來反推收入和支出，邏輯如下圖(2)所示。例如你工作收入5萬元，計劃結餘2萬元，所以當月只能花費3萬元，又例如你工作收入7萬元，結餘3萬元，所以當月只能花費4萬元。

訂出結餘目標來控制支出，屬於比較積極的理財方式，如此一來，每月的消費固定，你只能在一定的金額內消費，在有限的金額下，每天都要掌握花費，避免超過而無錢可花，這方式對積

個人的理財流程圖（2）

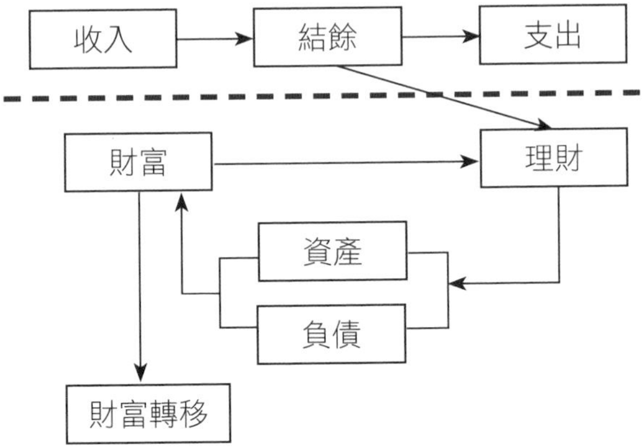

極想存錢或有經濟壓力的人不失為有效的方法，而且沒有任何藉口，但生活品質有可能會降低，這是必須考量的缺點。

有時支出無法降低，只好靠增加收入來達到結餘目標，例如你工作收入5萬元，計劃結餘2萬元，所以當月只能花3萬元，但是因為家庭開銷等原因，每月一定要花費4萬，無法達到結餘2萬的目標，只好想辦法增加收入，每月的個人損益表就變成：工作收入6萬元，計劃結餘2萬元，當月花費4萬元。

當然每月的支出不可能都一樣，例如農曆年前後開銷會比較多，有小孩在上學的家庭，開學前後的支出也比較多。同樣的道理，收入也不會每月都相同，有些上班族月薪差不多，在年中或年底的時候，會有獎金收入；業務人員的收入就差異很大，業績好的時候收入好，業績不好的時候收入大減。而這裡的規劃，收入和支出是以年收入和支出加以平均換算而得。

三、運用資產來創造收入，增加結餘來理財

收入扣掉支出等於結餘，這概念應是每個人都知道的，而「增加收入，

減少支出，創造結餘」更是不變的理財原則。增加收入除了可靠體力、時間、智慧、經驗和人脈，運用自己的財富來增加收入，也是好方法。

由下方流程圖(3)可知，適當的財富管理可以增加每月的收入，這是有錢人的邏輯，一般升斗小民可能無法理解。例如你有一棟房子，這是你的資產，你可以自己住，也可以出租賺取租金，而每月的租金就是你的收入；例如你買了一檔高收益債基金，除了每月可領取固定的利息外，基金淨值因為你買進的時機得宜，也有上漲的空間；又例如，你看好台積電的

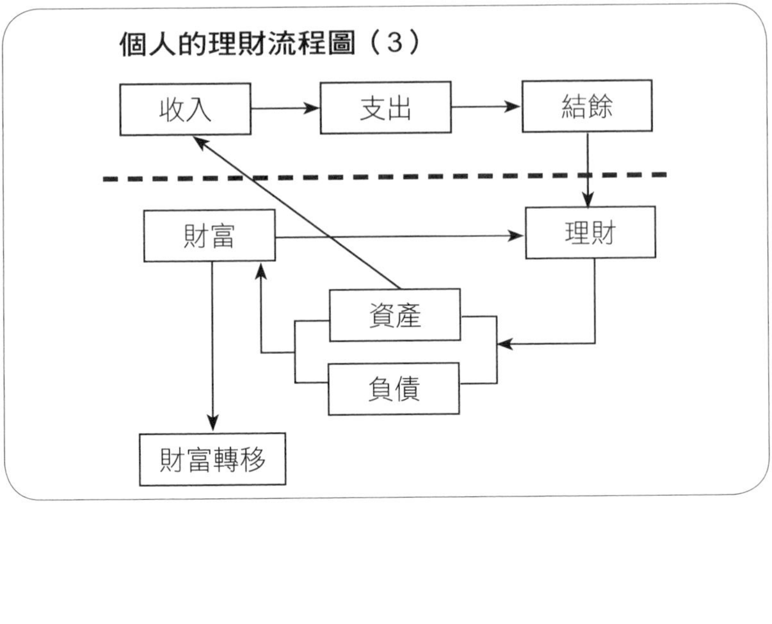

本業成長，也相信台積電是一家國際知名且有經營效率的公司，你買進台積電的股票，每年享受每股3元的股息股利，這些股利就成為你個人的收入。所以，要活化資產，除了把資產放在會增值的強勢資產，如果可創造每月或每年穩定的收入，那就是一舉兩得了。

台灣有句俗諺「人兩腳，錢四腳」，錢追錢要比人追錢快多了，這句話道破賺錢固然重要，理財更重要。台灣早期的藝人㞘斗和矮仔財，早年走紅影視圈，日入萬金，但由於不善理財，只落得晚景淒涼；年輕時一歌成名的高凌風，也因疏於管理資產，加上投資錯誤，曾有一陣子被地下錢莊四處逼債。

人人都說投資理財不容易，必須具備財務知識並懂得金融概念，其實並不盡然，大家不妨看一看周遭的親朋好友中，哪個理財致富的人在學校時經濟學曾考一百分？都市重劃區內有多少「田僑仔」並非出身有錢人家，只因為他們把資產放在土地上，重劃區一劃、馬路一開，他們的土地價格便成倍數飆漲。

因此理財致富的原則便是**多聽、多問，並且勇敢地執行**。最重要的是，投資理財「**不僅要做對的事，同時要把事情做對**」，換句話說，將資金放在具有增值潛力的資產上，經過時間的累積，必然有可觀的獲利。

過去，國人最常掛在嘴上的理財工具，不外乎定期存款、跟會、民間放貸，有錢人還會利用債券投資來規避高稅率，偶爾亦有比較積極理財的人會投資股票、房地產，但是隨著時空巨輪的大躍進與金融市場的多元化，現在的投資理財工具可說是五花八門，而且不再侷限於新台幣資產，海外市場也成為投資者的新樂園。目前國內的投資理財工具除了上述的傳統投資工具外，新興的工具包括：海外共同基金、外幣存款、投資型外幣存款、外匯保證金交易等；在股市熱絡之際，國人股票投資項目中的上市、上櫃股票現貨買賣、認股權證、指數期貨、指數選擇權、個股選擇權等，幾乎已成為全民的投資工具了。

壽險也是理財中不可或缺的一環。換言之，理財不再侷限於新台幣，也不再侷限於銀行定存等傳統工具，觸角已向外延伸到債券、股票、期貨指數等，全方位的理財已是時下理財主流，「不要把雞蛋放在同一個籃子裡」的投資理財理論，已成為人們掛在嘴邊的原則。

擁有十五項特質，你也將是成功的投資者

投資行為相當簡單，只有「買」和「賣」，連小學生都會，但是要成為一個成功的投資人卻相當困難。當你買了第一張股票或投資第一檔基金，第一次賺到錢時，你會發現投資的世界樂趣還真多，一方面賺錢可以不必求人，另一方面，書中自有黃金屋，知識可以創造財富，只要你參與了投資活動，你對全世界任何趨勢與變化都會感興趣，生活也變得豐富。但當你賠錢時，你開始討厭投資，覺得你跟投資無緣，靠股票理財致富、靠基金累積財富都是騙人的，最痛苦的是當你下定決心進場買股票或基金，結果一買就跌；當你勇敢地停損出場，結果砍在最低點，好像市場永遠和你作對。

其實在金融市場投資，就像開著漁船到大海捕魚，一半靠技術經驗，一半靠運氣。運氣是無法掌握的，但是經驗和技術可以靠不斷的學習和實做來累積

自己的能量。漁船出海有時抓到大魚滿船豐收，有時候抓不到半條白忙一場，有時可能翻船人財兩失，投資也是一樣的道理。抓對時機賺到錢要心懷感恩，不要過度自信；看錯行情賠錢出場，也不要太自責，投資誰沒賠過錢，連投資大師索羅斯、巴菲特、羅傑斯都曾看錯過。

漁民是看天吃飯的，出海打魚要先看天氣，風和日麗出海捕魚或多或少會有收穫，颱風天就留在港口等時機，不冒險出海，萬一船毀人亡那可就麻煩大了。投資也要看景氣面，景氣回升，金融市場呈多頭*走勢，投資人進入金融市場投資，只有大賺和小賺之分；一旦景氣反轉向下，金融市場開始走空頭，就千萬別想搶反彈，或想要賺點蠅頭小利，快快收起你的資金，回到港口避風頭才是正確之道，多少人就因為沒做好風險控管而在金融市場中滅頂。

在投資的道路上是相當辛苦和孤獨的，如果你只看到投資成功的人敲敲鍵盤、點點滑鼠就賺錢，那就太膚淺了。**投資成功的人都很專心、很用功，也遵**

＊多頭：相信價格將上漲而買進某金融工具，期待漲價後高價賣出者。與空頭相反。

守紀律和基本原則，不因為賺錢、賠錢而影響自己的情緒和生活。

不可或缺基本五要件

一個成功的投資者，應該具備哪些基本要件呢？茲說明如下。

一、大量閱讀

這也是我常強調的一點，天下沒有白吃的午餐，要怎麼收穫就要先怎麼栽！在投資的路上，如果要讓資金發揮最大效益，自己掌握大量的資訊是最重要的。如果你願意多分配一點時間在資料的吸取及掌握上，賺錢機率就會比別人大，也更有樂趣。

在金融市場投資不花一點時間研究，做一些閱讀的工作，我相信你絕對不會是贏家，只有待宰的命運。所以建議大家，無論何時何地，一定要養成閱讀資料、過濾資料的習慣，因為**投資不做研究**的話，**真的很像在賭博**。

每日的《工商時報》、《經濟日報》、《自由時報》、《中國時報》、《聯合報》、《聯合晚報》；每週的《今周刊》、《財訊快報》、《先探》、《商業周刊》；每月的《天下雜誌》、《數位時代》、《智富月刊》等都是必讀的資料。

現在資訊很發達，也可上網蒐集資料，甚至強迫自己每天看財經新聞台的整點新聞，長時間下來你就會有所收穫。閱讀是要培養知識的廣度跟深度，投資的目的不只在賺錢，賺錢也不是最終目的，但要用投資來豐富你的生命。

巴菲特這樣概括他的日常工作：「我的工作是閱讀。」可見巴菲特對閱讀是多麼重視，巴菲特大量閱讀與上市公司業務和財務相關的書籍和資料，在此基礎上非常審慎地做出投資判斷。巴菲特以他研究GEICO保險公司為例，解釋閱讀對投資的重要性：「我閱讀了許多資料。我在圖書館待到最晚才離開，我從BESTS（一家保險評級服務機構）閱讀了許多保險公司的資料，還閱讀了一些相關的書籍和公司年度報告，最後決定買進GEICO保險公司的股票。」

二、勤做筆記

如果**只是大量閱讀，沒有養成做筆記的習慣，那肯定無法轉化成自己的知識與能量**。看了就忘、讀了就不記得是一般人的通病，所以，投資會一再犯同樣的錯也是正常，但是勤做筆記卻可以克服這樣的通病，把自己的心得寫下來，一次、兩次以後就會變成你投資的能量。一般人看報紙大概看過就算了，但是我建議大家身邊放一把剪刀，把必要的東西剪下來，並去閱讀，同時寫上心得，你的功力肯定大增。你也可以在客廳放一本筆記簿，看完財經新聞就寫下心得，長期下來這本筆記本就是你投資理財的「葵花寶典」。

在股市中只要提到「廖繼弘」這個人，相信許多投資人對他並不陌生，除了平時可以在報章雜誌讀到他對台股走勢的精闢分析，其暢銷著作至今仍是初學者必讀的投資聖經。投資經驗超過二十年的他，成功訣竅只有一個字：勤！儘管在股海中已經翻滾長達二十年，豐富的投資經驗和看盤能力早已是法人圈數一數二的高手，然而廖繼弘仍然每天努力研究，並將所看所聞寫在筆記本裡，同時每天還花兩個小時看完上市、上櫃公司的技術線型，這些功課是他在盤中四・五小時（早上九點至下午一點三十分）交易的致勝關鍵，由此可見勤做筆記是理財致富的重要方法之一。

「如果你沒有真正記下來，沒有經過消化，還是沒有用。」因此，張忠謀有兩本筆記本，一本是隨身攜帶的小本子，一本則是較大開本的筆記本。他隨身攜帶的小記事本也是他的學習工具，每當聽到一些好觀念及資訊，一定隨手紀錄下來，這樣才不會錯失任何學習的機會；大的筆記本則放置家中，當閱讀客戶財務報表時發現任何異常或重點，他便會馬上記錄下來。

三、關心總體經濟數據

影響金融市場上漲與下跌的因素，分別是**景氣**、**資金**、**籌碼**、**消息和心理**。景氣和資金就是總體經濟的變化，當景氣變差，企業獲利衰退，景氣對策訊號燈下滑，失業率增加，金融市場價格下跌；當景氣變好，企業獲利增加，景氣對策訊號燈上揚，失業率降低，金融市場價格上漲。

當景氣嚴重下滑，各國央行調低利率，刺激景氣，資金氾濫的結果是引發資金行情，股票大漲；相反的，當景氣過熱，物價飆漲，有資產破沫疑慮，各國央行會調高利率，壓抑過熱的景氣，資金快速退場的結果是金融市場大跌。

由以上說明就可知道，關心並追蹤總體經濟數據，是投資者必要的工作。

四、對財務報表用心

如果你是投資股票者，要特別關心你所投資的公司的財報。上市櫃公司財報揭露時間都是固定的，每月十日公布上個月的營收，三月三十日公布前一年年報，五月十五日公布第一季的季報，八月十五日公布第二季的季報，十一月十五日是第三季財報，後面依此類推。財報公布的時候大家要有些敏感度，如果公司財報提前告訴你獲利，代表大股東非常有信心，迫不及待告訴你他賺了很多，如果延到最後一天才公告，顯然情況不太妙，大概都是狀況很差的公司，所以你**可以從公布財報的時間，拿捏一下公司對今年業績的滿意度**。對一般投資人而言，財務報表分析或許是一件難事，但是這是投入股市必要的功課，一而再、再而三下苦工夫，會讓你有意想不到的收穫。

五、累積實戰經驗

投資如果紙上談兵就不叫投資，有人說到理財就滔滔不絕，一大堆觀念和看法，但是真正投資時卻又不知所措，常常下錯決策。金融市場的投資「經驗值」是相當重要的，這些都是用錢堆起來的經驗。剛入門的投資人可先投入少量的資金，等到經驗夠了，且經歷過幾次景氣循環的洗禮，才有辦法摸索出自己的投資邏輯。

「看錯行情要勇於修正」是相當重要的。我常講「看行情沒有神仙」，每個人都會有看錯的時候，但是發現錯了以後要勇於停損，千萬不可勇敢地往下攤平，否則再多的財富也會蒸發。投資人要常挑戰自己的想法，一旦證明投資方向錯誤，應盡快放棄原先的看法，保持實力，握有資本，等待下一次的機會，不要為了面子苦撐，最終毀掉自己的資本，而沒有東山再起的本錢。投資失敗並不是世界末日，經由適當的整理和復元，獲取了經驗，就再次振作，才是理性的投資人。

擁有良好五大心態

一、遵守紀律

很多人在金融市場一再犯下錯誤，其主要原因在於缺乏嚴格的自律控制，很容易被市場假象所迷惑，最終一敗塗地。所以在投入金融市場前，應當培養自律的性格，使你在別人不敢投資時仍有勇氣買進；自律也可使你在大家企盼更高價來臨時賣出，自律還可以幫助投資者除去貪念。例如，投資股市時，你的操作原則是跌幅超過10％就停損，當股價跌幅真的到了這個價位，你就要義無反顧地停損出場，沒有任何理由，這就是紀律。

二、愉快的心情

身心不平衡的人從事金融市場投資十分危險，輕鬆的投資才能快樂地獲利。保持身心在一個愉快的狀態，精、氣、神、腦力保持良好的狀態，將會使你的判斷更準確。如果你進入金融市場，價格漲跌影響你的情緒，讓你吃不下飯、睡不好覺，價格跌就脾氣暴躁，價格漲就眉開眼笑，那我勸你還是不要投資，以免影響你的生活品質。投資人對金融市場的波動要有基本瞭解，保持愉悅的身心，才是面對金融市場漲跌的基本態度。

三、果斷的決斷

成功在於決斷之中。許多投資者心智鍛練不夠，在剛上升的行情中不願追價，而眼睜睜看著價格大幅上漲，到最後才又迷迷糊糊地追漲，結果被套牢在最高點，叫苦連天；當價格下跌時不忍心停損，跌到慘不忍睹的時候，才賣到最低點，結果又是怨聲載道。因此，投資人心中應該有一把「劍」，該買就按照市價買入，該賣就按照市價賣出，免得事後後悔。猶豫不決是投資失敗的罩門，擬定投資的策略後，去執行就對了。

四、謙遜不自負

在金融市場中不能過於自負，千萬不要認為自己瞭解任何事情，實際上，對於任何商品，沒有人能夠徹底瞭解。任何價格的決定，都是市場買賣力道的結果，其結果都將會反映到市場中，所以在投資市場中，**沒有絕對的贏家，也沒有百分之百的輸家**。所謂驕兵必敗，如果因一時的小贏而趾高氣揚，漠視金融市場的潛在風險，則禍害常會在不自覺中來臨。

五、獨立的分析能力

剛開始投資的人往往是盲從者，跟著第四台分析師短線進出，通常不會有什麼好結果。瞭解主力*所在，跟隨主力有時是上策，有時卻是陷阱，試著把自己當成主力去分析行情的走勢才有極大的幫助，真正能成為巨富的人，他的投資計劃往往特立獨行，做其他人不敢做的決定，並默默地貫徹到底。請記住，在金融市場中，求人不如求己，路要靠自己去探索。

大多數的投資顧問都鼓勵客戶逢低買進、逢高賣出，然而在現實中許多例子都顯示，投資顧問經常做出相反的建議，因此，當大多數投資刊物看法樂觀，行情往往趨近頂峰，大多數投資刊物看法悲觀時，行情往往接近谷底。

在金融市場理論上，價格愈漲，風險愈高，然而群眾卻愈有信心，價格愈跌，風險愈低，但一般的投資者卻愈來愈擔心，所以在金融市場操作的領域中，有一個相當重要的原則，就是**要實行與一般群眾心理相違的反向操作**，即在眾人的一片樂觀聲中應該警惕，在眾人的一片悲觀時要勇於承接。對投資者而言，如何在投機狂熱高漲時保持理智的研判，在群眾恐懼害怕時仍保持足夠的信心，對其投資能否獲利關係甚大。

不犯投資常犯的五錯誤

一、把金融市場當賭場

具有賭博心理的投資者，總是希望一朝發跡，恨不得捉住一檔股票或基

＊主力：市場上一股有能力影響股價力量的個人或團體。通常小型股的股價比較容易受主力影響，因為小型股資本額小，籌碼容易控制。

金，就讓自己一本萬利，他們一旦在金融市場投資中獲利，多半會被獲利沖昏頭，像賭棍一樣頻頻加注，恨不得把自己的身家性命都押上去。當金融市場失利時，他們也會常常不惜背水一戰，把資金全部投入，這類人多半落得傾家蕩產的下場。

所以，金融市場不是賭場，不要賭氣，不要昏頭，要分析風險，建立投資計劃。尤其是有賭博心態和行為的人，在買賣時一定要建立投資資金比例，千萬不可孤注一擲，否則落得負債累累。所以，風險控管很重要，**把投資金融市場的錢和生活費分開**，千萬不要混在一起，自己嚴格規定投資理財只能投入多少，**更不可借錢來投資**。

二、盲目聽信明牌

金融市場漲跌受諸多複雜的因素影響，其中投資人跟風心理對金融市場影響甚大。有這種心理的投資人，看見他人紛紛購進某一檔股票或基金，深恐落後，沒賺到錢，在不瞭解金融市場行情和買進的理由下，買入自己並不瞭解的金融商品。有時看到別人拋售某一檔股票或基金，也不問他人拋售的理由，就糊里糊塗地拋售自己手中的標的，也不管潛力好或不好。大家要瞭解，我們聽到的明牌絕對不是第一手資訊，還可能是最後一手，盲目聽信明牌的後果，就會陷入「養、套、殺」的陷阱中。

三、太過貪心

投資人想獲取投資收益是理所當然的，但不可太貪心，有時，投資的失敗就是過分貪心造成的。有利全都要，寸步不讓，金融市場上這種貪心的投機人並不少見。他們不想控制，也不能控制自己的貪念，每當金融商品價格上漲，總不肯果斷地拋出手中持有的標的，因為想賣在最高點，往往就放棄了一次拋售的機會；每當價格下跌時，又遲遲不肯買進，總是盼望跌了再跌。

這些投資人雖然與追漲、追跌的投資人表現形式不同，但有一個共同之處，就是自己不能把握自己。無止境的欲望，反倒會使本來已經到手的獲利一下子落空，他們只想到高風險中有高收益，而很少想到高收益中有高風險。美國股市有句名言：「**多頭和空頭都可以在華爾街證券市場發大財，只有貪得無厭的人例外。**」所以，把魚尾巴行情留給別人賺，讓接你股票的人還有賺錢的機會，才符合「積善之家必有餘慶」的古訓。

四、猶豫不決

有些投資人在投資理財之前，通常會制訂計劃，擬定投資策略，但當要下單買賣時，就開始左思右想，猶豫不決，到最後錯過買賣的時機。錯誤地分析形勢和錯過買賣時機，這兩種錯誤是密切相關的，正由於錯誤估計形勢，投資者往往會坐失良機。政治形勢的變化、經濟循環的走勢、景氣脈動的方向以及企業經營成果，經常會給金融市場帶來影響，因此，在投資金融市場時**不能光重視單一動態**，把對形勢的估計和對金融市場走勢的技術分析結合起來，這樣才能及時判斷買入或賣出信號，勇敢地執行既定的投資計劃。

五、鴕鳥心態

當投資人買進的股票或基金下跌，就會先催眠自己，告訴自己基本面不錯，只是行情不佳，如果價格再下跌，就索性眼不見為淨，這種鴕鳥心態，有可能讓你的財富慢性蒸發，是相當不理智的行為。投資人不願停損的原因是怕賣到最低點，但是投資人要有「**寧可賣錯，也不要套牢**」的心態才行。

在充滿競爭與風險的金融市場，既沒有常勝將軍，也沒有常敗的士兵，關鍵是要隨著金融市場行情的變化採取靈活應對的策略。當金融市場趨勢下跌，不要被損失所糾纏，而應當機立斷，忍痛割愛，但一些投資人總存在「不敢輸、不認輸」的心理，例如當股價上升，賺了差價，興高采烈；一旦股價下跌，總盼望股價能很快上漲，不去分析股票的趨勢和公司的經營狀況和業績，有的還會選擇性接受資訊，對利多消息擴大解讀，對利空訊息視而不見，其實這樣做只是自欺欺人，最後吃虧的還是自己。

華爾街名言錄

1. 多頭和空頭都可以在華爾街證券市場發大財，只有貪得無厭的人例外。
2. 逆勢操作是失敗的開始。
3. 失敗起因於資本不足和智慧不足。
4. 培養常賺錢比大賺更重要的觀念。
5. 短勝不如長勝，長勝不如永勝，永勝就是穩賺不賠。
6. 挑選自己熟悉的股票進行操作。
7. 與群眾相反的操作方式，眾人搶進時，賣出持股，市場人稀時買進股票。
8. 決定要理性，進出股票切忌衝動。
9. 空手多等待，股市中最難的就是等待。
10. 忍耐是致勝的關鍵，離場是避免手癢的最好辦法。

勤看+看正確，看出新聞中的黃金屋

一般人在投資理財時，常常喜歡追逐新聞或聽小道消息，看到利多消息，見獵心喜，積極搶進金融商品，運氣好賺點蠅頭小利，運氣不好套在高點；見到利空消息，心生恐懼，亂砍手中標的，停損出場，痛苦不堪。有些投資人汲汲營營於取得內線消息，事先布局卡位，結果掉入市場主力的陷阱。投資人因為不瞭解金融市場的運作，也不清楚財經新聞的規則，往往誤判新聞，做下錯誤的投資決策而懊惱不已。

所以，我們看新聞時，除了將**新聞分為「利多」和「利空」**新聞外，必需再把新聞區分為**「突發性新聞」**和**「預期中的新聞」**。如果是突發性新聞，利多消息則價格上漲，利空消息股價下跌——例如，美國FED突然調低利率、日本央行未在預期中的宣布量化寬鬆的貨幣政策，都會讓美國和日本股市大漲，連帶的讓美國股票型基金、日本股票型基金大漲，或公司臨時宣布接獲大筆訂單等也都會讓股價上漲；又例如日本發生大海嘯、課徵證所稅、銀行發生擠兌、公司司法敗訴等，都會讓股價下跌，或是歐債危機爆發讓歐美股市重挫，或是台灣政府宣布對不動產課徵奢侈稅也會讓房價受到影響。

如果是預期中的新聞，利空消息發生時，可能會利空出盡，價格反而上漲；利多消息發生時，可能會利多出盡，價格反而下跌。例如二〇〇八年中國舉辦奧運，全世界早就知道，全球資金湧入中國，造成中國股市狂漲，中國基金的淨值創新高，真的到了奧運開始，獲利資金紛紛獲利了結，股價反而重挫。每次「江陳會」前，市場都會預期兩岸有突破性的發展，中概股和兩岸受惠股紛紛上漲，但真正開會後，股價卻硬生生滑落，形成利多出盡的情形。

資訊不對稱也常是投資人忽略的重點，由於新聞和消息的取得有先後之別，造成不公平的現象。先得到利多消息進場的投資人，早就把價格墊高了，後得到訊息的人只有抬轎的份，甚至可憐的當最後一隻老鼠。試想，公司接到大訂單的利多，最早一定是老闆和業務主管知道，他們肯定會先進場買股，股價因而上漲，接著是公司高層，然後是拜訪公司的基金經理人，接著是記者，最後報紙見報，散戶（個人投資者）見利多搶進股票，正好給了先前進場買股的人出貨的機會。當地方政府要規劃新的重劃區，一定有人先得到消息，事先進場買進附近的土地，消息還沒曝光前土地價格就「一日三市」，等到政府正式公告後，價格早已在高檔了；當理專向你推薦一檔海外基金時，通常價格早就已經漲一波了，我們得到的海外財經資訊一定是落後資訊，這是投資人必須要考量的。

因此，**當利多或利空消息見報，不是急於買進或賣出，而是先看看價格過去的走勢是否已經先反映了，再決定投資策略**。影響金融商品價格的漲跌新聞千百種，但歸納起來可分為：**總體景氣、市場資金、市場籌碼、多空消息和公司財務**，這些因素影響到投資人的心理和信心，進而左右投資人進出金融市場的想法，上述新聞的走勢有時一致，有時候卻不同步，投資人必須要多一層思考。

投資人常常錯誤解讀新聞，並誤判行情，結果造成投資虧損。所以如何正確解讀新聞並做出正確的投資決策，提高新聞判斷力和準確度是投資理財成功的不二法門，進而才能累積個人的財富，以下分五點說明。

一、總體景氣

景氣好壞對企業營運及股價的影響是全面性的。在景氣繁榮期，各行各業獲利日增，社會大眾所得提升，社會上的游資*逐漸充斥，股票市場萬頭鑽動，股價表現相對強勢，股票型基金的表現引起投資人的興趣，紛紛進場買進，房地產也因為資金效益而水漲船高，房價表現優異，自住客和投機客進場購屋，房市一片欣欣向榮。

相反的，景氣蕭條，企業營運困難，除部分體質較佳之企業外，大都虧損經營，而股價則持續大跌小回，有時甚至直線下跌；基金淨值因為股市價格的下跌而大幅縮水，基金受益人無法忍受基金的虧損，紛紛贖回股票型基金，房地產也因為景氣下滑、資金撤退，房價表現不佳，自住客和投機客觀望氣氛濃厚，房市前景不明。

景氣好壞影響股價的漲跌通常存有相當的時間落差，若以景氣循環與股價循環做一比較，由於資訊的不對稱，當公司內部人士或是消息靈通人士知道公司業績衰退，會先行出脫股票，造成股票下跌，事後公司才會公告利空消息，引發一般散戶競相出脫持股，引發股市重挫，因此**股價的表現會領先景氣循環，也就是說「股價是景氣的領先指標」**。雖然景氣是落後指標，但景氣對股價的影響既深且久，投資人面對不同景氣循環時期，要擬定不同投資策略。

衡量景氣目前的狀況，有三個面向。一個是景氣循環，包括：景氣領先指標、景氣對策訊號燈；其二是產業活動力，包括：國內生產總值（GDP）、製造業採購經理人指數（PMI）*和非製造業採購經理人指數；三是通貨膨脹指標，包括：生產者物價指數（PPI）*、躉售物價指數（WPI）*、消

*游資：尋求獲利機會的資金，這類資金通常停泊在貨幣市場，當股市、房地產或是外匯市場有利可圖，資金就會進入該市場進行投機、投資、套利或避險。游資可能是國內資金，也可能來自海外，我們稱為「熱錢」。

*製造業採購經理人指數（PMI，Purchase Management Index）：是指一國的採購經理人指數，它是衡量一國製造業的「體檢表」，是衡量製造業在生產、新訂單、商品價格、存貨、雇員、訂單交貨、新出口訂單和進口等八個方面狀況的指數。

*生產者物價指數（PPI，Producer Price Index），係根據多項商品製造價格使用加權方式計算出的指數。生產者物價指數可以反應廠商的製造或批發成本的變化，所以是廠商用來做為制定生產決策的重要參考。

費者物價指數（CPI）。

一個循環是指許多經濟活動大約同時發生擴張，隨後收縮、衰退，然後又開始復甦的情形。這一連串的波動會週而復始但不定期地發生，其持續期間一年以上到十年不等。不管現在經濟景氣有多好，未來總是會有另一次的衰退出現，當景氣衰退陷入谷底，將來一定會有復甦和擴張的一天。景氣領先指標顧名思義就是領先景氣的指標，而景氣對策訊號燈為落後指標，股價的走勢通常介於景氣領先指標和景氣對策訊號燈之間。

供應管理協會的**採購經理人指數反映的是景氣繁榮的程度**，當其數值連續位於50以上的水平時，表明活動擴張，價格上升，往往預示著整體經濟正處於一個擴張狀態；反之，當其數值連續位於50以下水平時，常預示整體經濟正處於一個收縮狀態。

物價也是一項相當重要的指標。當景氣好轉，商業活動增強，物價有上漲的趨勢，當景氣過熱，大家搶購原物料，就會造成物價上漲的問題，各國央行為解決通貨膨脹，就會採取緊縮政策，避免泡沫化的危機；景氣轉壞，商業活動趨緩，大家不願意消費，廠商庫存增加，就會降價求售，物價會進一步下滑，各國政府為了避免景氣衰退，就會採取寬鬆政策，刺激景氣，所以投資人也可從物價波動來一窺景氣所處的位置。

二、市場資金

影響金融市場的第二項因素是資金。金融市場是錢堆出來的，有人說，量是價的先行指標，量如果上來，價格就會上，量如果下去，價格就會往下，這裡的量就是指資金。當市場錢太多，資金寬鬆，沒地方跑，資金只好往股市、房地產和其他金融商品跑，此時價格就會水漲船高；當資金緊縮，資金就會撤離股市、房地產和其他金融商品，金融市場因為成交量萎縮，價格因而下跌。

以股票市場為例，**影響股市的資金可分為「直接資金」和「間接資金」**。所謂**直接資金**就是準備或已經進入股票市場的錢，它的**指標是「股市成交量，**

＊躉售物價指數（WPI，Wholesale Price Index）：原意為大宗批發價格，查價階段涵蓋廠價、大盤價、中盤價等，八十年物價基期改編，查價階段定為「出廠價格」。

款券劃撥餘額，融資、融券餘額」。所謂**間接資金**，就是**在股票市場外等待進入股市的錢**，衡量貨幣市場「量」的指標就是「貨幣供給額年增率」，衡量貨幣市場「價」的指標，就是政府機關可控制的「匯率」和「利率」。

股市成交量代表投資人對股市熱絡的程度，當成交量緩步增加，表示投資人看好市場，紛紛買進股票，此時股價就會水漲船高，股市進入多頭市場；當成交量緩步減少，表示投資人看壞市場，紛紛離開，此時水淺則無魚，股市進入空頭市場。

款券劃撥餘額是可扣款買股票的銀行帳戶內的資產。如果投資人有買股意願，就會將錢轉進這個帳戶，如果投資人沒有買股意願，就會將錢轉出這個帳戶，所以若款券劃撥餘額增加，表示未來進入股市的資金很多，投資人買股意願強，股市容易上漲；如果款券劃撥餘額減少，表示沒有投資意願，股市容易下跌。

融資餘額表示投資人借錢買股票的金額。當融資餘額增加，表示投資人敢借錢買股，股市很熱；當融資餘額減少，表示投資人借錢買股賠錢，紛紛停損出場，顯示股市下跌嚴重。

融券餘額表示借股票來賣的總張數。如果投資人不看好股市，就會去借股票來賣，融券餘額就會增加；相反的，如果融券餘額減少，表示投資人看好股市，紛紛回補融券。

而間接資金，就是整個金融市場的錢，衡量貨幣市場「量」的指標是貨幣供給額年增率。貨幣供給額年增率的指標有兩個，一個是M2，另一個是M1b，M2是貨幣市場所有的錢，M1b是M2減掉定存——因為定期存款流動性不好，M1b是衡量股市動能的重要指標。當貨幣供給額年增率增加，表示景氣循環向上，資金氾濫，這些錢很有可能轉進股市或房地產，所以這個指標是金融市場動能的領先指標。

當資金過多，會有通膨壓力，多餘的資金為了對抗通膨壓力，避免購買力降低，會進場買進原物料，造成原物料價格上漲，如果再配合人為炒作，就會變成惡性通貨膨脹。此時石油、黃金、糧食、金屬等都有可能成為投機者的炒作標的，這類型的基金，例如世礦基金、石油基金、農糧基金等，就會成為投資標的。

衡量貨幣市場「價」的指標，就是政府機關可控制的匯率和利率。當景氣不好，就把控制閥打開，降低利率，讓資金寬鬆，水就會流入股市和房市；當景氣熱起來，物價上漲，通膨升高，政府就把控制閥關掉，採取緊縮政策，提高利率，讓資金減少，水就流回央行，避免通膨發生。台灣以出口為導向，當景氣不佳，央行會引導台幣貶值，刺激出口；當台灣有通膨壓力，央行會引導台幣升值，避免輸入型的通貨膨脹。

三、市場籌碼

金融市場的價格是由供需決定的，當供給大於需求價格會下跌，當需求大於供給價格會上漲。所謂**籌碼面是指，標的物的持有者是否有信心**，如果有信心就會續抱，就沒有賣壓，價格會撐在高檔，甚至上漲；如果沒有信心就會拋售，賣壓沉重，價格自然下跌。以下我們以股市和房市來分析。

以股票市場論，籌碼面指的是持股信心是否堅強，股票的歸屬是否穩定，是否有投資人默默承接股票，這樣的現象可以影響股價的短期表現，這是屬於股市技術分析的一環。如果一檔股票籌碼安定，持股流入特定人士手中，股票由少數人控制，只要稍微點火，股價就會順勢抬拉，出現一波行情；如果一檔股票籌碼凌亂，大家持股信心不足，雖然有利多消息助陣，但是只要股價稍微上漲，就會有人出脫持股，股票就有漲不上去的情形。籌碼面的消息雖然不像總體經濟面或是資金面影響得較廣泛，但是卻**能改變股價短期的表現**。有些股票雖然基本面不佳，但是籌碼安定，股價也能上漲；有些股票雖然基本面很好，但是籌碼分散，股價將難有表現。

籌碼面可經由人為控制，有些是影響到大盤，有些影響到各股，有些是由上市櫃公司主導，有些是由市場上的法人操控，例如政府基金或國安基金的進出、三大法人的買賣超、融資融券的變化等，這些是市場參與者的表現，影響到籌碼面。另外，上市櫃公司也可藉由發布實施庫藏股*、大股東申報轉讓持

*庫藏股：指公司持有本身已發行在外之股票。

股、董監改選等特定議題來影響籌碼變化。上述這些消息，有些會造成一日行情，有些會影響一段時間，投資人可用心觀察，並寫下心得，作為日後操作股票的依據。

以房地產市場而論，影響房地產價格的因素很多，其中一項就是預期心理，當市場預期有通膨壓力，房地產可以保值，房價不可能回跌等消息在市場上瀰漫，買方積極追價，賣方又不願意輕言賣出，不動產的籌碼安定，自然房價居高不下了。當市場預期景氣不佳，或是政府在打壓房地產，房價有可能回跌，市場充滿不確定因素，買方不願積極追價，賣方又急於賣出，不動產市場的籌碼混亂，自然房價不容易上漲。

另外，房地產的參與者有政府、地主、建商、投資客、自住客等，他們的想法自然也會影響到房價走勢，其中政府、地主、建商是市場的大莊家，瞭解他們對房地產的態度，是很重要的課題。

四、市場消息

投資人在衡量一家公司股價，常常會用公司基本面去做評估，**公司基本面可分為「財務面」和「消息面」**。財務面是公司過去發表的財務數字，由過去財務數字來評斷公司過去的經營績效，同時推算未來的財務表現；消息面是追蹤公司發表的訊息和新聞來推論公司未來的經營方向和成績，進而推估股價未來的表現。

公司發布消息面可分為「經營面」、「資本額面」、「業外表現」，這些訊息有時會透過電視、報紙或雜誌發表，有時公司甚至會召開「法人說明會」對外說明。

經營面的消息包括新產品、新市場、新生產線或廠房投入；資本額面包括公司減資、現金增資、發行公司債或可轉換公司債；業外表現有可能是子公司上市櫃、處分資產、土地開發或重估。另外，意外災害、司法訴訟、專利權爭議、公司配股或配息、產業前景轉佳或變壞、產品原料價格的漲跌、競爭對手的消息、公司股權爭奪戰等新聞，都影響著投資人的投資想法。

這些消息有些是利空，有些是利多，這些利多和利空的消息在市場上流傳，不過有些是真的，有些是假的，有時候公司不表示意見，投資人往往摸不出頭緒。利多和利空消息就像在市場上拔河，當利多大於利空股市就上漲，當利空大於利多股市就下跌。原則上，利多消息股價要上漲，利空消息股價要下跌，但有時新聞一發表，反而是利多不漲，甚至出現利多出盡，股市下跌；或是出現利空不跌，甚至出現利空出盡，股市上漲。這些現象有待投資人長期累積經驗值，才能瞭解箇中訣竅。

五、公司財務報表

財務分析是根據企業各財務報告所提供的資料，對企業的財務狀況和經營成果做深入的瞭解。企業外界會關心財務報表的單位，有股東、銀行、供應商或政府主管機構等。股東或銀行對企業提供資金，供應商對企業給予賒帳，他們當然關心企業的財務狀況，希望知道企業的獲利能力或償債能力，以瞭解投資是否安全有利，貸款或帳款是否可以順利收回，同時決定是否繼續對該企業給予資金的支持；而政府主管機關或證券交易所等機構基於監督的立場，也必須對企業的財務情況保持瞭解。

財務報表分析是投資股票最基本的工作，初學證券投資的人在研究如何衡量股價以前，應先瞭解上市櫃公司的財務報表。財務報表可以提供投資人該企業最詳細的報告，包括財務結構健全與否、管理經營績效的良窳、長短期償債能力的強弱、盈利情況等等，分析財務報表可以作為投資的判斷。

股市投資人在衡量公司股票的價值，可由下列方向去分析。第一，是**由損益表瞭解公司的營收和獲利狀況**。交易所規定上市櫃公司每月十日前要公告上一個月的營收，每一季結束後四十五日內要公告獲利，投資人可觀察公司營收是否逐月增加，每一股的營收是多少，用當時股價除以營收得到「股價營收比P／R」；另外，**關心每一季的季報，得到每股盈餘EPS**，用當時股價除以每股盈餘EPS，得到「本益比P／E」，這個指標可以來判定股價是否合理，有沒有投資空間。

每股盈餘是每一股公司能賺多少錢，而每股股利是公司一股要配發多少現金或股票，投資人可將每股配股、配息除以股價，得到「股息殖利率D／P」，當股息殖利率越高，投資的價值就越大。

投資人也可以由資產負債表得到股東權益，股東權益乃是對公司剩餘資產之非固定請求權，也就是淨值。用當時股價除以每股淨值，得到「股價淨值比P／B」，當股價淨值比越低，表示股價被低估。

第二章

投資大師的
基礎理財術

❷

存款，不只是存，更要聰明規劃

理財致富第一步：存款

銀行在我們的日常生活中扮演了極重要的角色，不論是儲蓄或者平時生活的開銷代繳，甚至成年後購屋的貸款及種種金融性的貸款等，都必須透過與銀行往來而完成。換言之，銀行在我們理財的程序中占有非常重要的地位。

與銀行往來的第一步通常是開立個人存款帳戶。擁有合適的帳戶數目可以達到靈活調度資金的功能，不過一般來說，我們通常會擁有一些是不常用，甚至不用的帳戶，遇到這種情形應將不用的帳戶結清，否則滿手不同銀行的存摺，要玩「印章存摺配對」的遊戲可就麻煩了。

銀行存款的種類有哪些？

首先，我們先來認識銀行存款種類。存款最主要的目的是**保留現金以便可以隨時提領**，除此之外還具有**累積財富**、**完成人生階段目標**等功能。一般銀行常見的存款種類包括活期存款、活期儲蓄存款、定期存款、定期儲蓄存款、支票存款及綜合存款，上述這些都有它們的功能。活期存款、支票存款以公司、法人為對象，主要為公司資金調度所用；定期儲蓄存款與活期儲蓄存款以獎勵個人儲蓄為主，通常給個人存款的利率會高於給公司戶的利率；綜合存款就像一個工具箱，可同時滿足活期儲蓄存款和定期存款兩種需求。

一、活期儲蓄存款

一般人到銀行開立的第一本存摺是「活期儲蓄存款帳戶」。到銀行開戶相當簡便，由本人攜帶印章和身分證，以及第二個有照片的證件如健保卡、駕照或護照正本親自辦理；很多父母會幫小孩開立帳戶將資金分批轉到孩子的帳戶，此時需由其法定代理人，如父母等，出具同意書並陪同辦理；公司或法人組織開立帳戶通常是為了資金調度之用，此時需出具相關證件，如公司營利事業登記證、負責人身分證件、公司大小章，並由負責人親自辦理。

為了臨櫃取款方便，開戶時可以**和銀行約定用印章或簽名作為取款印鑑**，避免臨時要到銀行取款忘了帶印章的窘境。為便利客戶取款，尤其現在ATM提款機非常普遍，每家銀行的門口、便利商店、車站和百貨公司都有，所以開戶時銀行通常會主動幫客戶申請IC金融卡，使用金融卡或IC金融卡可在該銀行或其他銀行的ATM提款機提款，不受銀行營業時間限制。為避免金融卡或IC金融卡被冒用，建議你收到密碼函後立刻利用ATM提款機變更密碼，並銷毀密碼函。

現在網路相當方便，因此網路銀行非常普及，你可申請網路銀行帳號，將來帳目查詢、匯款和轉帳都透過網路銀行辦理。

●活期存蓄存款的權利義務

活期存款的相關規定都會在開戶資料中讓客戶簽名確認，由於這些規定都是金管會核定的開戶契約書，一般存戶也不會逐條瞭解，通常是直接簽名，只要存戶啟用往來，即視為認同所有約定條款。在此建議存戶**要仔細閱讀存摺內約定條款外，更應注意幾項不公平約定**，例如存摺登錄餘額若與銀行紀錄不符，則以銀行登錄為準即為其中之一。另外有些選項存戶可以依據自己的狀況決定要不要，例如可否將個人資料給同金控下的其他金融機構行銷、提款卡是否要加入信用卡功能、是否要設定約定轉帳戶等，如果你不注意，銀行行員都會幫你勾「是」，有時便會對你造成困擾。

至於存款保全責任歸屬問題，若存戶同時遺失存摺與印鑑而遭盜領，便無法向銀行求償，所以平常**要將存摺和印章分開放**，以避免上述困擾發生；若遺失存摺卻被仿刻的印鑑盜領，則是銀行未盡把關責任，銀行必須賠償。

只要在銀行開設活期儲蓄存款或綜合存款帳戶，銀行就應出具存摺給開戶人，存戶**要不定時前往銀行補摺，做為日後往來帳戶資料登錄的憑據**。為了方便客戶在其他分行提款，銀行通常允許客戶在開戶時申請通提印鑑登錄於存摺上，但為了提款安全，大多數銀行會要求客戶於申請「通提印鑑」時一併登錄通提密碼，客戶在銀行提款時，須填寫提款憑條並蓋上原留印鑑，並在櫃檯上的機器上輸入通提密碼，行員會加以核對，以防存款遭到冒領。

二、定期存款

定期存款是一般民眾常用的理財方式之一，也是最穩當的存錢方式，保守型的投資人多會以定期存款來處理手邊的閒錢。

雖然定期存款是簡單的理財方式，但是要將定期存款的理財功能發揮得淋漓盡致，就得仔細研究一番，包括定期存款的種類、利息的配置與定期存款的特殊條款。

●定期存款的種類

定期存款可分為「定期存款」與「定期儲蓄存款」兩種。定期儲蓄存款是提供自然人，也就是一般民眾存款所用，期限分為一個月、三個月、六個月、九個月、一年、二年和三年等；定期存款是以公司行號為主，一般民眾若要存款應選擇定期儲蓄存款。

如果以付息及存款方式又可分為：存本取息、整存整付和零存整付三種。

存本取息是將本金存入帳戶，每月定時領取利息，故本金不變，以單利計算，到期時領取本金加最後一次的利息。

整存整付是本金存入帳戶後，不再加入新本金，每月利息皆會滾入本金成為次月本金的一部分，例如第一個月的本金加利息，即是第二個月的本金，第二個月的本金加利息，就是第三個月的本金，以此類推，即月複利的概念。

零存整付是每個月皆固定存入一定數額的本金，然後將本月的本金加利息滾入下個月的本金，因此第二個月的本金總額應包括第一個月原來的本金加利息，加上第二個月新存入的本金，以此類推。**零存整付的觀念與民間標會相似**，雖然利息較低，但是風險相對較少，有些銀行可辦理自動扣繳業務，每個月自動將款項轉入定存單中，可說相當方便。

●定存注意事項

銀行定期存款中最容易與存戶發生糾紛的部分，首推中途解約及逾期計息。定期存款的存款戶如果要提前解約，依規定要七天前提出，但在實務上可當天告知，當天提領。解約後其存款利息以實際存滿期間，依存入當時牌告利率單利八折計算。定期存款的期別可分為一、三、六、九、十二與二十四個月，例如某一存戶存六個月的定存，到了第五個月他臨時需要用錢，因此提前解約，雖然存滿五個月，但沒有五個期的定存，因此只依存入當時三個月期牌告利率單利八折計算，如此一來存戶損失不少。

有時候存款戶的定存單到期忘記提領，就產生「逾期計息」，在開戶時銀行行員都會問你是否要辦理「到期自動轉帳續存」，如果你選擇到期自動轉帳續存，到期後銀行會自動再展延一期，例如一年定存到期，若辦理自到期動轉帳續存，則定存單會再展延一年。如果沒辦理到期自動轉帳續存，在到期後一個月內辦理續存，尚能自原到期日依牌告利率開始計息，但若到期後超過一個月才辦理續存，只得自續存日依牌告利率起息。

另需注意，定期存款逾期提領，其逾期利息依提領日活期存款牌告利率，按日單利計息。例如某一存款戶定期存款一年，定存利率2%，活期利率0.2%，該存戶到第十四個月才提領本息，則提領時的利率計算，包括一年期的定存利率2%，加上兩個月的活期利率0.2%。

把錢存在銀行，可別忘了每年的個人綜合所得稅。依據稅法規定，無論是活期儲蓄存款、定期存款還是外幣存款的利息所得，都要併入個人綜合所得稅。除了郵局活期儲蓄存款免稅和定期存款五千元以下有免稅優惠外，每一申報戶每年有二十七萬元的「儲蓄投資特別扣除額」。如果你今年利息所得超過二十七萬，不妨調節利息所得發生的年度，將部分定存的到期日或配息日調到明年，如此這部分的利息自然可計入明年的利息所得。

●固定利率與機動利率

當你走進銀行，都會看到銀行懸掛在牆壁上，該行各種存款利率及基本放款利率的利率表，這個利率表就是該行庫對外公告的**「牌告利率」，它主要目**

的是作為該行計算各種存放款利息的參考利率。基本放款利率是指銀行對最優惠的客戶的放款利率，銀行會依據客戶債信、放款科目、放款條件等加碼，例如某商業銀行的基本放款利率是2%，銀行評估客戶狀況加碼1%，所以放款利率為3%。

存款利率表一般會按存款種類，例如活期存款、活期儲蓄存款、定期存款及定期儲蓄的存款天期來表示，而定期存款或定期儲蓄存款又可細分為固定利率或機動利率。**一般只有定期存款及定期儲蓄存款有固定利率和機動利率之分**，其餘的存款及放款均採機動利率。固定利率計息，就是以存入當時的利率計算，期間不會再更動；機動利率計息，就會隨著市場利率的波動而改變。當預期利率會上升時，選擇機動利率較有利；相反的，預期利率下挫時，則以固定利率較有利。

二〇〇〇年全球發生高科技泡沫化的金融危機，美國引導全世界央行降息，台灣央行在兩年內把利率連續下調，原本一年期定存年利率為5%，兩年後降到最低點1%，因此如果預期央行會降息，定期存款要選擇固定利率，避免利率一直往下調，減少利息收入。

當你決定要把錢存入銀行時，不僅要先比較各銀行的牌告利率，還要詳細詢問計息和付息方式，再決定資金存放的時間，審慎地選擇最有利可圖的存款方式，才可避免吃虧。

三、支票存款

個人支票，可以說是現代人不可或缺的理財與支付工具。個人支票存款如果運用得宜，會提供莫大的方便。在日常生活中，**安全、方便、成本低都是使用支票的好處**，但若不注意相關規定，很容易造成財務損失或是個人信用破產，因此在使用支票時，要格外小心謹慎。

例如購買房子、汽車，若支付現金常需負擔「貨物出門概不退換」的風險，**支票則有緩衝作用**，一旦成交後發現貨品不盡如意時，還可用止付的方式作為談判的條件。另外，支票也可當作遠期支付的工具，也就是以支票的發票日期來控制持票人兌現日期，例如租屋契約為期一年，每月月初付租金，房東可要求房客於簽約日即簽發十二張支票，每張支票的發票日期為每月的月初，如此不僅可保障房東的權益，也可表示房客付款的誠意。

此外，有房屋貸款或標會會款需要繳交的民眾，也可利用支票作為支付的工具，一方面是以支票支付具有「憑證性」，另一方面可將發票日期設定在最後繳款日，以節省利息。

●申請手續

申請人向銀行申請支票帳戶後，銀行會彙整資料並做徵信調查，經對保、審核後若符合條件，銀行會通知申請人前來開戶並領取支票本，同時在支票帳戶中存入一筆款項。

由於**支票存款沒有利息收入**，因此開立支票存款帳戶的民眾通常會再開立儲蓄存款帳戶。當支票存款帳戶中的資金不足時，只要將儲蓄存款帳戶中的錢轉入支票存款帳戶，即可應付兌現需求。民眾開立支票後應詳細記載支票的金額、發票日期和用途，如此才能做到良好的資金控管。

●支票種類

支票依據發票日期大致可分為「即期支票」與「遠期支票」兩種。所謂即期支票，是在收票當日即可到銀行兌現或存入帳戶的支票；而遠期支票必須等到開票日期才可兌現或存入帳戶。例如，今天是民國一〇二年八月三十日，如果發票日是一〇二年八月三十日以前的（但必須是一年內），稱為即期支票，隨時可以領現或是存入帳戶中兌現；如果發票日是一〇二年八月三十日以後的，稱為遠期支票，持票人可以先將支票存入帳戶，但是要到發票日才能兌現，或是發票日才到銀行兌現。如果手中有遠期支票，但是臨時急需週轉時，可拿到銀行以擔保品申請無擔保貸款，但利息比有擔保貸款稍高，可貸款額度約八成左右。

商業行為中，常常會開立遠期支票作為支付工具，開立遠期支票時，支票變成一種信用工具或借據，由於不會馬上兌現，期間可再週轉該筆資金或賺取利息。

以發票人來區分，支票除了公司及個人外，也有台支、合支、銀行本行支票和國庫支票。台支稱為「鐵票」，是銀行同業在台灣銀行存款，由台灣銀行為付款人的支票，很多官方的標案都會要求以台支當保證金或押金。而合支是銀行同業在合作金庫的存款，由合作金庫為付款人的支票，合支也廣泛運用在民間支付的工具上。一般民眾若不相信對方的信用，不願意收取對方的支票時，可要求對方開立台支或合支來確保自己的債權。

銀行本行支票是支票的發票人和付款人都是銀行本身，除非銀行倒閉，否則一定會兌現。如果你沒有用支票的習慣或無支票存款帳戶，但常需支付大額款項而不方便攜帶現金時，便可至往來銀行填寫取款條，申請銀行本行支票，作為支付工具。

規劃你的存摺

瞭解了存款種類，再來就要規劃我們的存摺了，到底幾本存摺才夠用呢？

為了功能性和方便管理，原則上，**四本存摺**就夠了：收入存摺、供消費用的支出存摺、投資存摺和備用存摺。

一、收入存摺

國內的員工薪資大多是薪資轉帳戶，我們可以把薪資轉帳戶視為收入存摺，把所有的收入包括：薪水、兼職收入和其他收入都放到這本存摺中，每月去刷存摺，就可以知道當月的收入是多少。接著估算當月要花費多少錢，就將預估的花費轉到支出存摺中。

二、支出存摺

每月月初將預計要花費的金額由薪資轉帳戶匯到這個帳戶，到了月底檢查帳戶結餘多少，例如你每月薪資5萬元，規定自己每月只能花3萬元，當薪水發放的當天，就從薪資轉帳戶匯款3萬元到你的支出帳戶，這種方式可以有效的控管花費，減少不必要的浪費，同時有利事後追蹤和檢討。

有些人會運用「家計簿」來記錄每天的花費，但幾乎大部分的人都會半途而廢，其實運用活期存摺也可達到相同的功能。我們可以找一家離家近的銀行，將所有扣款設定或現金提領都從這個帳戶支出，例如水電費、電話費、信用卡等，都由這些帳戶扣除，現金也從這本帳戶中提領，避免跨行提領多付出手續費。然後每週末到銀行補摺並在內頁欄位中紀錄提領現金或扣款的用途，每月月底檢討每月的支出項目是否合理，是否有浪費的情形。

三、投資存摺

一般初入社會的新鮮人因為資金不多，理財的經驗值也不足，在理財選擇上不外乎股票和基金，因此可以到證券商開立證券買賣帳戶，同時到銀行開一個證券戶連結的「款券劃撥帳戶」，將來投資任何金融商品，包括基金、外匯等商品，都從這個帳戶扣款，把投資的錢整合在同一帳戶中，隨時都可以知道目前的投資狀況。

設立**投資存摺的好處是可以很清楚自己金融投資的總部位，也可以很瞭解**

當時的損益狀況。例如你的投資存摺內有現金30萬元，股票投資金額50萬，基金投資40萬，所以你的投資存摺投入總金額為120萬。你可以每月月底估算你的投資淨值，就知道賺賠，假設到了月底現金有30萬，股票有賺錢，其淨值有80萬，基金賠錢，它的淨值只有35萬，所以總淨值為145萬，扣除期初投入的資金120萬，帳上獲利則為25萬。

四、備用存摺

所謂備用存摺就是有特殊目的的帳戶，例如想籌措購屋的頭期款、結婚基金或出國旅遊基金，都可以依據自己的計劃每月撥入，這樣的方式可以比較容易達到自己的理財目標。

「記」出財富——善用家計簿，節流又開源

近年來薪資凍結，存款利息下降，失業率亦居高不下，若無其他方式開闢財源，個人和家庭中的經濟掌舵者就必須相當謹慎。在收入有限的情形下，各項支出應有適當的預算，非不得已不要超過收入造成透支，若能使用「家計簿」登記支出、控制預算，亦不失為開源節流的方法。

為了掌握一個月乃至一整年的生活費用，明瞭實際花費狀況，家計簿是基本功，它可隨時提醒你遵守生活預算，不管在月底或年終，生活中任何一項開銷皆可一目了然，將消費細目列出預算花錢才安心，即使是缺乏理財概念的人，也能夠在不知不覺中使家中的財政趨向健全。其記錄方式簡單不需任何技巧，不僅可瞭解當天的收支情形，也可掌握第二天的開銷。

人的欲望是無窮的，消費固然可以滿足生活上的種種需求，但一旦決心步

入正規的理財生活，就必須在消費的同時也看緊自己的荷包。一個過度享受消費樂趣的人是不可能聚財的，總之克制消費欲望是節流必備條件。

以下介紹與你的生活息息相關的三種表。

一、日記帳簿

「當用則用，當省則省」是消費的最高原則，**記帳有助於抑制衝動的購買欲**，使人發覺不必要的開銷，避免生活流於物質化，也杜絕了浪費。有些人會問：「有必要這樣做嗎？」當然，**理財就是要從小地方著手**，剛開始或許會覺得很麻煩，認為這是無聊的工作，但是長期下來，你就可歸納出你的支出總類，進一步分析出哪些是該花的、哪些是不該花的。

將支出登錄在日記帳簿是一個過程，人不可能一輩子都在登記每天的零星花費，所以在記帳上是有技巧的。首先，準備一本日記帳簿，登錄你每日開銷，你可以用會計專用的日記簿，也可以用一般的行事曆，現在手機相當方便，也可登錄在手機的行事曆上，也可從APP軟體下載需要的記帳軟體。

剛踏入社會、收入還不穩定的年輕人最需要運用日記帳簿，逐筆登錄生活的開銷，以隨時提醒自己的開銷是否有亂花的情形，並在每個月底檢視日記帳簿加以檢討，雖然造成生活上的些許不便，卻是一種好的習慣。當你的收入穩定，每個月的結餘逐月增加時，就不需要每一筆都登記，可針對超過100元以上的開銷才登錄，避免繁雜的記帳影響你的生活；當你資產累積到一定程度後，可針對1000元以上的開銷再做紀錄。

所以，日記帳簿只是個人理財階段性的工具，就好像小朋友學寫字的時候，先「描紅」是一樣的道理。有些年

個人收支明細表

日期	項目	收入	支出	結餘	備註

輕人看到理財致富的個人或是白手起家的企業家，會質疑他們會記日記帳簿嗎？以他們目前的情形當然不可能做，但是當他們跟你一樣年輕時，也是一分一角地省吃儉用，一筆一筆地記下開銷，所以**寫日記帳簿是理財致富過程，是蹲馬步練基本功的工具**，千萬別忽視它的功能和效益。以下是日記帳簿的範例。

二、損益表

損益表通常記錄著一段時間的理財行為，主要是由收入、支出及餘額三個部分組成。個人在填寫紀錄時，可利用剛才說的日記帳簿將明細加以分類，將每月的收入、支出分項加總之後，填入損益表的各項中，最後將總收入減去總花費，即是結餘。

由於損益表是記錄過去某段時間的財務行為，因此只有**已得的收入和已支出的費用**才能列入。收入部分可分為薪資、投資收入、利息收入、出售資產、退稅及其他等六大項；費用部分可分為食、衣、住、行、育、樂、稅、家庭設備及其他等九大項，不過因為實際支出項目十分複雜，分類時可將零星的支出歸納於上述各項中，以便分析家庭消費結構並瞭解金錢去向。

損益表在分析上有幾個重點，分別是：**收入分析**、**支出分析**、**與上個月或去年同期做比較**、**與預算做比較**等四種方法。

●收入分析

收入，最重要的是分析**收入來源項目和穩定度**。未婚的上班族薪資來源是自己的收入，如果是結婚且雙薪的上班族，薪資來源有兩份，有些人會有兼職工作，收入多元化，有些只有單一收入，所以收入要先看收入來源。

其次，要看收入的穩定度。有些上班族收入很穩定，通常是內勤人員或從事事務性工作的人員；有些人的收入很不穩定，這些人通常是業務人員。

●支出分析

支出分析分為食、衣、住、行、育、樂、稅、家庭設備及其他等九大項。

當收入不夠多時，食衣住行的開銷比較大，特別是剛出社會的上班族，吃飯和租屋的開銷占絕大部分，等到收入到一定程度後，買衣服和交通費用就會增加；當有小孩子後，教育費用和娛樂支出就會開始出現；當開始買房子時，一些家庭設備的開銷就會增加，例如電視、冰箱、洗衣機和其他耐久財商品。

●與上個月或去年同期做比較

除了分析當月的收入和支出是否合理外，也要跟上個月或去年同期做比較，看看收入和支出是否有增加或減少，還有支出占收入的百分比是否有增減。一般而言，我們都希望每月的結餘能增加，因為這表示理財有得到初步的效果。

有時會因為季節因素讓收入或支出改變，例如公司發放年中和年終獎金，有些工作會有季獎金，因此在季底或年底時，除了一般月薪外，還會有獎金，該月份的收入就會增加。在支出方面，農曆過年前後的開銷比較多，有小孩的家庭開學前後的支出也會比較多，這些季節性因素都要考量。因此，**當月的收支除了要跟上月做比較，也要和去年同期做比較，這樣比較客觀。**

●與預算做比較

如果每個人在財務方面有事先做規劃，就不會遇到意外狀況時手忙腳亂，因此在收支上可先編列預算表，然後每個月月底比較實際收支和之前的預算數是否相符，如果支出超過預算太多就要檢討，如果支出少於預算數表示支出控制得宜，值得高興。

下頁是每個月的家庭收支損益表的範例，供讀者做參考。

三、生活預算表

節流和開源一樣重要，若我們僅知開源而不知道節流，再多的財富也有用盡的一天，因此若能編列生活預算表控制自己的收支，如此才能花得開心、用得安心。我們將生活上的收入費用先行計劃編列預算之後，即應努力實行，但是有應有某種程度的彈性。

至於編列的期間，可參照以往的費用紀錄（如月資金操作明細），按月在預算表中仔細編列，對不定期的或意外的開銷，可以「年」為單位編列，保持

家庭收支損益表（　年　月　日至　年　月　日）

收入			支出		
薪資	丈夫薪資		食	伙食費用	
	妻子薪資			外食費用	
	年終獎金		衣	服裝	
	紅利/獎金			飾品	
	佣金			整髮美容	
	兼差收入			乾洗、修補	
	其他			其他	
利息	存款利息		住	貸款或租金	
	股票股利			水電瓦斯	
	債券利息			電話費	
				管理費	
其他	租金收入		行	交　通　費	
	資本利得			汽機車貸款維修	
	出售資產			油料	
	退稅				
	其他				
總收入（A）					
餘額（A－B）			稅	所得稅	
				財產稅（房屋、地、汽機車）	
備註			保險	壽險	
				房屋、汽車險	
			休閒	旅遊	
				交際費	
			子女教育	學雜費	
				補習費	
				書籍文具	
				才藝班	
			其他		
			總支出（B）		

預算的實用性及靈活度。

要注意的是，每項預算的編列均要審慎，**最好能有過去一段時間的經驗數據為依循**，否則極易徒勞無功，無法達到利用預算控制支出的效果。此外，每月必須評估預算及實際花費的差異，檢討超過或低於預算的原因，並做為下次編預算的參考。如果持續一段時間都超出預算太多，表示預算編列太緊，反之，則表示預算訂得太浮濫，須逐步調整修正。

利用預算控制各項花費情形，除了可達到節流的效果，也可幫助個人或家庭清楚瞭解財務需求，並及早調度和安排。

生活預算表

項目＼金額＼月份		月		月		月		月	
		預估	實際	預估	實際	預估	實際	預估	實際
收入									
薪資									
年終獎金									
利息／紅利									
租金									
投資收入									
兼差收入									
其他									
合計									
支出									
食									
衣	服飾/整髮/美容								
住	房屋貸款或租金								
	水電瓦斯費								
	電話費								
	管理費								
行	交通費								
	油料費								
	汽機車貸款維修								
育	教育書籍報刊費								
樂	旅行娛樂								
其他	稅金								
	保險費								
	交際費								
合計									
金額									

聰明節稅和避稅，理財才周全

納稅是國民應盡的義務，**節稅和避稅卻是每一個理財者應該瞭解的一項大學問**，因為我們辛苦賺了錢後，別忘了還必須負起繳納所得稅的義務。所謂節稅和避稅是在稅法的規範下，合法地選擇比較少的稅基和稅率，目的是讓我們少繳一些稅，又可盡到公民義務。

節稅包括很多的不同項目，例如房地產的節稅、醫療節稅、保險節稅、扶養親屬的節稅方式等，這些不同的稅金有些可以利用合併或分開的方式組合計算，或利用各種扣除額的方式進行節稅。

綜合所得稅節稅方案

要規劃綜合所得稅的節稅策略，必須先瞭解此稅的基本概念。我們在上一年度如果有賺錢，不管是薪水、兼差外快、利息收入、股息股利收入和房租收入等，都得全部加總起來，是為「綜合所得總額」。算出綜合所得總額之後，扣除稅法上可扣除的相關費用——包括扶養親屬免稅額、各種扣除稅等，剩下的就是「綜合所得淨額」，之後再依公式計算應繳稅款，減除「預先扣繳稅額總額」，剩下來的就是民眾要繳的稅款。

根據財政部公告一〇二年度綜合所得稅免稅額、標準扣除額、薪資所得特別扣除額、身心障礙特別扣除額及課稅級距金額，其中免稅額由之前的8.2萬元提高至8.5萬元，標準扣除額則由之前的7.6萬元提高至7.9萬元，薪資所得扣特別除額則由原先的10.4萬元增至10.8萬元。居留滿一百八十三天、採用申報扣繳的外勞，於一〇三年申報個人綜所稅時將可適用。

課稅級距也連動調整，其他相關細節可上財政部網站查詢。

每年五月是綜合所得稅報稅季節，儘管每個人的所得結構或收入項目有所不同，扣除額也不相似，但整個計算綜合所得稅的程序卻是相同的。從上述的計算過程中，我們可以歸納出幾個簡單的節稅通則，分別為：**減少綜合所得總額、提高免稅額和扣除額**等，如此便可降低綜合所得淨額，減少稅款的支付。

●減少綜合所得總額

稅法把個人所得分成十大類，分別為：薪津、營利所得、執行業務所得、利息所得、稿費、租賃所得、權利金所得、財產所得、退職金所得、競技和中獎所得等，每種類別的收入都有不同的課稅規定。我們在報稅時，也可從所得類別看出個人收入的來源，一般來說，剛出社會的新鮮人收入來源幾乎是薪資所得，隨著職位的升遷、財富的增長，其收入就增加，例如存款多的人利息所得就多，有房子出租就會有租金收入，股票多的人就會有股息股利收入，根據不同的情形，我們要適時做調整。

例如，利息所得在27萬元以內可以免稅，因此，這類利息所得一旦超過27萬元，一方面可能被課稅，另一方面也顯示固定收益資產可能太高，因此有必要檢討調整，例如把定存解約改做投資股票、基金等。

●提高免稅額

增加扶養親屬可提高扣除額，除了自己、配偶和子女外，符合受扶養條件的父母也是爭取的對象，特別是年滿七十歲以上的直系尊親屬，若能列報扶養，免稅額更多。另外，其他親屬或家屬，例如伯、叔、姑、舅、甥、姪等，只要有扶養事實者，也可以檢具相關證明文件列報扶養。

考慮實際生活層面，稅法上允許納稅人申報實際上負有扶養負擔之其他親屬或家屬，自一〇二年申報一〇一年度綜合所得稅起，取消納稅人扶養親屬的「年齡歧視」條款，放寬納稅義務人申報減除扶養其他親屬或家屬免稅額的限制條件；只要合於民法第一一一四條第四款及第一一二三條第三項規定，未滿二十歲，或滿二十歲以上因在校就學、身心障礙或無謀生能力，確定受納稅義務人扶養且納稅義務人同居一家者，都可以列報減除免稅額，但國稅局對這類的審核相當嚴格。

●提高扣除額

如果適用標準扣除額，節稅的空間不大，選擇列舉扣除額的節稅空間較大，但多半是年初即應該有所動作，例如透過捐贈、購買保險來節稅等；若到了申報季節，則所能做的只有「確保戰果」，確定各項可以申報的憑證是否正確，例如房貸利息支出憑證，是否寫清楚所有權人的姓名，上一年度整年的醫療、生育費用單據是否已整理妥當等等。

除了一般扣除額外，還有特別扣除額，包括就讀大專院校子女的學費及殘障特別扣除額，都可以盡量扣除。另外，民眾到寺廟捐贈取得的收據，可以在申報綜所稅時列報扣除，但安太歲、點光明燈非屬捐贈性質，不可列舉扣除。

什麼投資工具能節稅？

大部分的海外投資所得（資本利得以及配息、股利）一年要賺超過目前財政部規劃的600萬元免稅額，一年的投資金額要超過1000萬元以上，才會超過門檻，且在國外已繳的稅額也可列報扣抵，所以實際上，海外所得會因納入最低稅負而課到稅的人其實很有限。但如果當年度海外財產交易有損失者，得自同年度海外之財產交易所得扣除，扣除數額以不超過該財產交易所得為限，且損失及所得都要以實際成交價格及原始取得成本計算損益。

國內投資股票所賺取的價差，稱為資本利得，在二〇一二年以前，證券交易所得稅是不用課稅的，但自二〇一三年一月一日起已開始課徵，但是國內散戶和國外法人免徵，至於上市櫃公司每年配發的股息股利，要併入個人的綜合所得稅中，依個人稅率繳交所得稅；有些投資工具，例如債券附買回，收益是採用20%分離課稅*，若你的所得稅稅率高於20%，則可運用這些投資工具。

*分離課稅：指就部分依法免辦理合併申報的所得，以獨立的扣繳稅率，直接扣稅即完成納稅義務的課徵機制。分離課稅的稅率最高達20%。

投資工具稅負表

投資工具		年報酬率	稅負
風險性 高↓低	海外股票共同基金	不定	海外所得600萬以下完全免稅
	海外債券基金	不定	海外所得600萬以下完全免稅
	國內債券基金	約2%	不參與配息，只賺取買賣價差
	公債附買回	約2%	利息收入按分離課稅20%課稅
	銀行一年定存	約1.5%	併入個人利息所得，27萬元以下免稅
	郵局儲金戶活存	約1.2%	新台幣一百萬以內的存款利息完全免稅
	債券	約2%	配息前賣出，只賺取買賣價差
	國內股票基金	不定	不參與配息，只賺取買賣價差，毋須繳稅
	股票	不定	不參與除權配息，只賺取買賣價差，毋須繳稅
	短期票券	約1.5%	利息收入按分離課稅20%課稅
	銀行可轉讓定期存單	約1.2%	利息收入按分離課稅20%課稅

第三章

投資大師的
基礎理財術

3

徹底瞭解所用投資工具，
靈活運用不困難

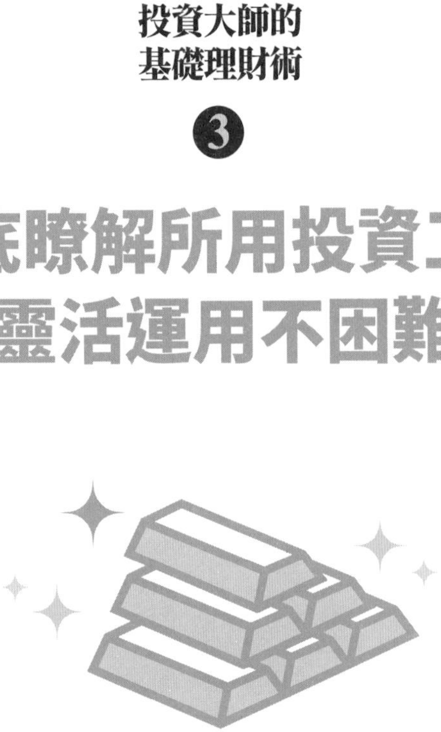

第一次認識共同基金就搞懂

前面談完了觀念，本章將會介紹一些投資工具，第一個上場的是共同基金。

在演講時，我最常問投資人的一句話是：「你們的理財目標是什麼？你們投資共同基金的目標是什麼？」一百次有九十九次的答案都是「賺錢」，其實這個答案並不是非常正確，因為「賺錢」是手段是方法是工具。我通常會再問：「賺了錢之後你要做什麼？」這個時候答案就五花八門了，有人是為了「子女的教育基金」，有人要「出國旅遊」，有人要「買車」，有人要「存結婚基金」，有人要「買房子」等等，這就對了，上述這些就是理財的目標。

所以，**理財的目標如果無法確定，則理財的策略、方法和工具就無法定案**。理財的過程是：設定目標→規劃策略→選擇理財工具→決定進出時點→定期檢視投資組合。常言道：「觀念決定態度，態度影響行為，行為決定你成功與否。」同理，投資理財的目標必須與投資策略、理財工具、買進賣出時點相互搭配才行。

設定目標是在區分你投資的期間有多長，還有你可面對的風險程度。例如，目標是購屋，這算是長期目標，子女教育基金也是長期目標，出國旅遊應可視為短期目標，結婚基金可能是中期或短期目標，而退休金規劃肯定是長期目標。

如果**投資目標為短期**，則考量報酬率要快速累積，因此共同基金的屬性要以成長型為主的股票型基金，如新興市場股票型基金、原物料股票型基金。但別忘了高報酬的背後隱藏著高風險。

如果**投資目標為中期**，則可考量採用投資組合的方式來執行，通常會以積極型的股票型基金搭配低風險的全球型股票型基金，而且積極型的比重要高於低風險的基金。

如果**投資目標為長期**，也要採用投資組合的方法。保守型的債券型基金、低風險的全球型股票型基金和積極型的區域型股票型基金各占三分之一，如此一來，在景氣循環低迷中，可藉由債券型基金的收益來累積淨值，在景氣循環的成長期，可藉由全球型或區域型的股票型基金的資本利得來累積財富。

何謂共同基金？

所謂共同基金，就是匯集大家的錢，交給專業的經理人（也就是基金經理人）去操作投資。投資共同基金是一種間接投資行為，和自己買賣股票或其他直接投資比較起來，共同基金有專業經理人操盤，更聘請許多研究人員與財經專家從事研究，對於沒時間看盤的人，可以解決時間和專業知識不足的問題。共同基金把投資人的錢分散到各種金融商品之中，又是匯集眾人的資金去投資，因此利得或損失皆由全體共同基金受益人平均分擔，個人的風險自然降低。

一般來說，共同基金的運作至少須有三種人，分別是：

●投資人

投資人是基金的股東，也就是受益人，其將資金交給經理人請其代為買賣金融商品。

●基金經理公司

基金經理公司又稱受託人，接受投資人的委託，管理及操作基金。

●保管機構

保管機構則接受委託人的委託保管，並處分基金的財產，包括辦理股票債券買賣的交割、核對帳目等。

基金運作流程如下圖所示。

共同基金運作流程圖

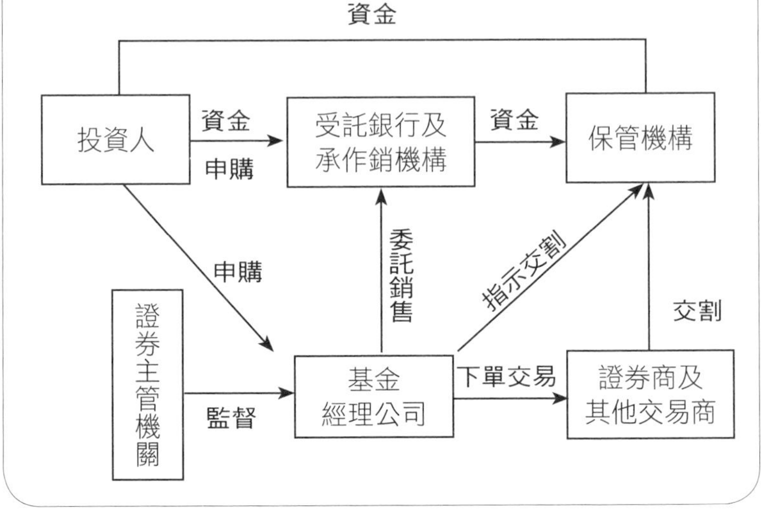

資料來源：寶來證券

四種資訊教你挑對長期投資基金

挑選長期投資的基金**最重要的是抓對趨勢**，哪一類型的基金是趨勢往上的就可長期持有，而取得這些資訊可由基金的公開說明書、基金淨值表、基金月報和基金財務報表來分析。

一、公開說明書

投資人選購共同基金前，**閱讀基金公開說明書是相當重要的**。投資人不要覺得公開說明書很複雜，其實**只要抓住重點閱讀即可**，不可忽略的部分包括：基金公司背景、基金的性質、基金投資範圍、收益分配及申購贖回等。

二、基金淨值表

共同基金的淨值表提供投資人瞭解自己所投資的共同基金淨值*漲跌的成績，我們可以比較同一類型的基金其淨值成長的排序，如果排序越前面，表示基金經理人的績效越好。

一般而言，股票型基金的淨值變動是取兩位小數，債券型基金的淨值變動是取四位小數，為何有這樣的差別呢？這是因為債券型基金每日淨值變動幅度微小，如果公告淨值只取兩位小數，根本看不出淨值變動。

三、基金月報

基金公司每個月都會針對該檔基金提供月報給投資人參考。月報的內容包括：基金基本資料、累計報酬率、定時定額報酬率、單年報酬率、資產配置圖、主要投資明細、主要投資標的等。**基金的報酬率如果緩步成長，基本上就是投資的好標的。**

＊基金淨值（NAV）：淨值代表基金的每單位淨資產價值。基金的每單位淨值是根據基金所投資之標的物每日的收盤價扣除基金所支付的費用後，除以該基金全部發行的單位數計算而來的。

四、基金財務報表

共同基金不論是公司制或契約制，都一定會有年報，也就是共同基金的「財務報表」，國內投信募集的基金是屬於金管會證期局核准之「公募基金」，投資人可以到「公開資訊觀測站http://newmops.tse.com.tw」中的「投資專區」→「基金資訊」查詢。國外共同基金的財務報表可以在基金所屬Fund House查詢。

如何開立基金帳戶？

第一次開立共同基金帳戶，除了要填寫「基金開戶暨交易同意書」等相關表單，還須附上受益人身分證明，未滿二十歲的受益人，須加附法定代理人雙方之身分證影本並加蓋雙方印鑑。親自到各銷售機構辦理開戶，當天即可申購，但若是採用電子交易，則需等三至四週才能申購，依每家銷售機構作業時間而稍有不同。

如何申購和贖回基金？

投資人投資國內共同基金的管道相當多元化，如果是投資開放型基金，可透過銀行、投信公司，甚至是保險公司；如果投資封閉型基金，則只能透過券商到集中市場交易買賣。

一、開放型基金的交易流程

開放型基金一般在正式成立三個月後，基金公司會自行或委

開戶流程圖

開戶對象：
自然人及法人
（未成年人開戶需經法定代理人雙方簽章同意）

↓

所需文件：
1.身分證正本（公司執照及營利事業登記證正本）
2.印鑑
3.填具開戶相關書類文件

↓

投資方式：
「一般單筆投資」及「定期定額投資」

開放型基金申購和贖回流程圖

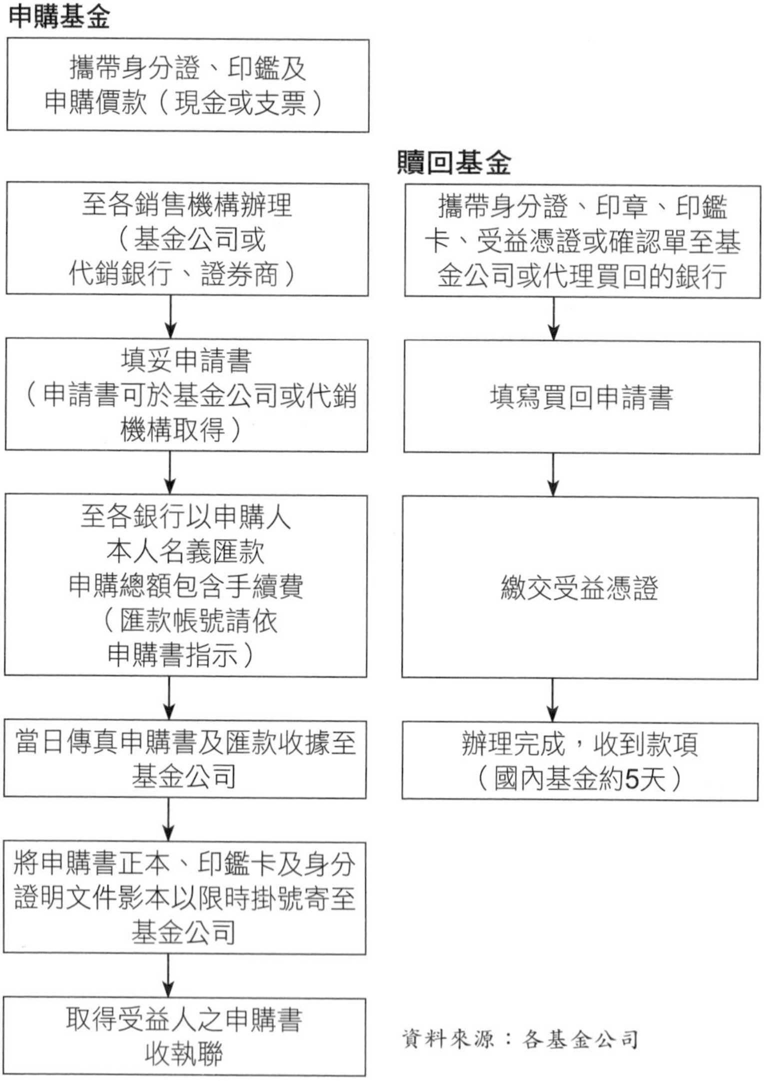
申購基金
攜帶身分證、印鑑及申購價款（現金或支票）
至各銷售機構辦理（基金公司或代銷銀行、證券商）
填妥申請書（申請書可於基金公司或代銷機構取得）
至各銀行以申購人本人名義匯款申購總額包含手續費（匯款帳號請依申購書指示）
當日傳真申購書及匯款收據至基金公司
將申購書正本、印鑑卡及身分證明文件影本以限時掛號寄至基金公司
取得受益人之申購書收執聯
贖回基金
攜帶身分證、印章、印鑑卡、受益憑證或確認單至基金公司或代理買回的銀行
填寫買回申請書
繳交受益憑證
辦理完成，收到款項（國內基金約5天）

資料來源：各基金公司

託證券公司開設專門櫃檯進行基金單位的轉讓。

買進開放型基金，只需在交易營業日內，到基金公司、代銷銀行或證券商專門開設的櫃檯填寫申請表格及付款，當場即可取得基金申購書之收執聯，交易確認後投資人就可以開始享受所購買基金的收益。

開放型基金一般在基金成立三個月後才允許投資者贖回。投資者可將手上的基金單位按當時的報價全部或部分賣回給基金公司，即基金公司贖回基金單位，投資者贖回現金。投資者需填妥買回申請書，指明贖回單位的數目與價值，交還給基金公司，就算完成基金贖回的手續。通常辦理手續後五天，基金公司就會將贖回款項交付受益人。

二、封閉型基金的交易流程

通常封閉型基金成立三個月後，基金公司向證券交易所或證券交易中心提出上市申請。核准後，投資者想買入或賣出手中的基金單位，交易的程序和手續跟上市股票買賣方式一樣，如下頁圖所示。

封閉型基金申購流程圖

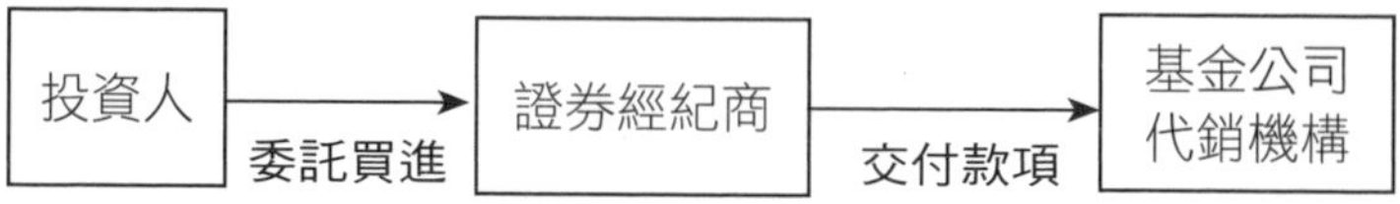

封閉型基金贖回流程圖

投資基金的成本怎麼算？

國內基金的費用和海外基金一樣，有銷售手續費、經理費用、管理費及贖回費用四種。一般基金收了銷售手續費就不再收贖回費用（國外有兩者皆收費的基金），且大部分基金是申購時收費。有時投信公司為鼓勵投資人長期投資，採取遞減式的收費，也就是持有的時間越長，銷售手續費越低，甚至不收銷售手續費。

選擇國內投信公司時，應注意投信公司的基金多樣化及轉換費率多寡，有的投信允許投資人免費轉換旗

共同基金的費用表

費用	費率	說明
經理費	0.5%～1.5%	基金公司為投資人操作基金所收取的服務費，費用按日計算，但投資人不須另外繳交此筆費用，而是每月直接從基金淨資產扣除。
保管費	0.15%～0.2%	共同基金的運作方式是操作單位和保管單位分開的制度，因此投資人的錢是交給銀行或其他金融機構保管，費用也會直接從基金淨資產內扣除，投資人不須另外繳交。
手續費	國內基金 0.8%～2.0%	也叫「銷售費」，就是投資人在購買共同基金時，除了申購金額外須再繳付的費用。
	海外基金 2.5%～3.5%	若透過投顧公司到海外開戶投資，手續費更高。
轉換手續費	0%～0.5%	同一投信公司的基金互相轉換，有些免手續費，有些酌收固定比例，國外的基金公司則酌收0.5%的轉換手續費用，有時銀行還會收取辦費用。
贖回費	50-100元+2%	投資人贖回基金時所付的費用，不過目前大部分的基金都沒有收取此種費用。親自到投信公司辦理贖回通常是免手續費，若是到銀行辦理，銀行通常會酌收50-100元的費用。若是海外基金的贖回銀行則酌收50-100+2%的費用。
其他費用	依各公司規定不同	會計師費用、律師費等等，和經理費、保管費一樣，投資人不須另外繳付。

下的各種基金，等於花一次費用享受永久服務。台灣股市走空頭時可以轉到債券基金，債券基金獲利了結時可以轉進可能上漲的國際基金，所以，留意基金公司的各種收費率及轉換費率相當重要。

如何蒐集基金相關資訊？

投資共同基金首重資訊的蒐集、資訊取得的快慢與正確性，這關係投資決策的成敗。國內共同基金和國內股票一樣，每日有行情表，只不過開放型基金所公布的是淨值，封閉型基金則可從報紙上找到市價、基金淨值及折溢價率*。

在台灣銷售的海外共同基金多達五百多種，因此媒體不可能像國內上市、上櫃股票一樣，每日完整地刊登基金淨值，僅能選擇性地刊載。

除了可從媒體得知海外及國內基金相關資訊外，網站也是不可或缺的幫手，當然，也可由投資顧問公司取得資訊，更可直接向基金公司查詢，茲詳列如下。

一、專業性媒體

1.報紙與雜誌

- 聯合晚報：刊載當日基金行情與重大訊息
- 經濟日報：證券期貨基金版
- 工商時報：財經版
- 財訊：邱永漢主持的財經專業月刊
- 今周刊：財訊系統的周刊
- 先探雜誌：財訊系統的周刊
- 萬寶周刊：萬寶投顧的專業周刊
- 非凡商業e周刊：非凡電視台出版的周刊

＊折溢價率：封閉型基金的價格有市場交易的市價和基金的淨值兩種，當市價高於淨值就叫作溢價，當市價低於淨值就叫作折價。

- 各基金公司出刊的共同基金周刊、共同基金月刊
- 各基金公司的公開說明書

2. 電視台、電台節目

- 非凡電視台：為一專業財經電視台，報導共同基金投資策略與建議
- 華衛電視台：海外共同基金專業節目
- TVBS新聞台：財經新聞
- 中天頻道：華爾街新聞
- 東森財經台
- 年代新聞台

二、台灣地區著名基金網站

目前獲取台灣地區基金行情及資訊最簡便的方式，就是通過網際網路獲取即時訊息。我們可以登錄該類網站成為其會員，即可使用該網站的資訊。下列

介紹幾個比較知名的基金專業網站：

1.Fund-DJ基智網站 http://www.funddj.com

該網站可查詢國內外基金淨值，也有討論區、免費電子報。

2.GOGO Fund網站 http://www.gogofund.com

為國內最大的基金交易平台，各基金公司皆與該網站連結，如要取得更詳細的資料須加入會員。

3.台灣共同基金績效評估網站 http://140.112.111.12

該網站為邱顯比教授與李存修教授主持。該網站最大特色是，針對國內外基金做操作評等及風險評估。

張老師的話

為了避免高風險，我們常說不要把所有雞蛋放在同一個籃子裡，然而拎著太多籃子也會讓人不勝其煩，因此投資共同基金以不超過四種為宜，但也不要少於二種。而且為了避免風險過於集中，應該分批買進。

基金的投資報酬有15%已經相當不錯，達到此一水準就應該積極尋找適合賣點，準備隨時贖回或轉換成其他共同基金，這樣才能保持戰果。投資人依當時國內外經濟情勢將資金做妥適的分配後，就以此分配為主軸建立核心組合，再搭配少部分中線進出調節的非核心基金。核心組合應包括以下五個特性：

- 核心組合最起碼占整體投資組合的六至七成
- 核心組合應掌握簡單原則
- 核心組合中的基金間漲跌之相互關聯性低
- 核心組合內大部分基金應長期持有
- 核心組合中宜納入強勢基金

瞭解共同基金的種類，以選出適合自己的

在台灣，市面上的共同基金的種類很多，很多人可能會搞不清楚，聽銀行理專介紹就買進，但就像買食品要看成分，我們也要先瞭解共同基金的種類，才能選擇適合自己的基金。

共同基金的區分方式可分為四種：投資目的、發行方式、投資區域和投資標的。

依投資目的區分基金，可分為收益型基金、成長型基金、平衡型基金。

收益型基金強調的是固定、穩定的收入，投資標的以債券或票券為主。最大的優點為損失本金的風險很低，投資報酬率也略優於銀行定存，通常每年都會配息。

成長型基金以追求長期資本利得為目的，為達成增值的目的，這類基金通

常以業績、盈餘展望較佳，股性較為活潑的股票為主要投資標的，但股票行情的起伏會影響基金的淨值。

平衡型基金又稱為「成長兼收益型基金」，其特色介於成長型基金與收益型基金之間，把資金分散投資於股票與債券，希望在資本成長與固定收益間求取平衡點。

依發行方式區分基金，可分為開放型基金和封閉型基金。

開放型基金也稱「美國共同基金」，其**發行的持份總數不固定**，投資人**可隨時**按當時單位淨資產價值（NAV）向基金經理公司買進或賣回，既可全數賣回，又可部分賣回，富有彈性，但各基金對投資後一定期限內不能賣回的限制規定不同，對賣回取現的規定也不一致。

封閉型基金發行的**持份固定**，發行期滿後基金即封閉總持份不再增減，投資人不得請求發行機構贖回持份，但可通過證券經紀商在交易市場買賣，故又稱「公開交易共同基金」。其成交價格由市場供求關係決定，不真正反映基金的淨資產價值。美國封閉型基金一般都以折價出售，很少溢價成交。

依投資地區做區分，可分為投資於全球的基金，投資在單一區域的基金，投資在單一國家的基金。

投資在全球的基金稱為「全球基金」，基金經理人依據基金的投資策略將資金分配到全球市場。投資在單一區域的基金稱為「區域基金」，例如投資在先進國家的歐洲基金、北美基金，投資在新興市場的新興市場基金、拉丁美洲基金、大中華基金、東南亞基金、東歐基金等。投資在單一國家的基金稱為某國基金，例如美國基金、日本基金、印度基金、巴西基金等。

最後是**投資標的來分類**，是**依據投資的金融商品來區分**，例如投資債券市場的稱為債券型基金，投資在股票稱為股票型基金，投資在房地產稱為房地產基金，投資在期貨的稱為期貨基金。以下就這部分詳細說明。

一、債券型基金

1. 債券型基金的優點和缺點

●優點：投資債券型基金的優點有到期還本、固定領息和投資風險較低。

- 缺點：存款的金融機構倒閉或公司債發行公司有財務危機，投資人的本金就會虧損。

2. 投資債券型基金注意事項

投資債券型基金**首重標的物的「債信評等」**，所謂債信評等，就是「對還債能力的評估」，**債信評等高**，表示發行債券的債務人現階段**有較強的還債能力**，我們一般所知的美國政府公債（Treasure Bond），就是屬於債信評等最高的一級債券。債信評等的高低也將影響債券的成交價格，如果某間公司其債信評等遭到降級，就會直接影響到他所發行的公司債券在流通市場上的市場價格。

債信評等的評定則是由著名的民間機構進行，**目前較受國際重視的兩家信用評等公司，分別是標準普爾**（Standard & Poor's）**及慕迪**（Moody's），都是美國公司，他們定期對世界各國政府及機構法人（含公司），進行債信評等，並公布於媒體上。

由於債券投資**著重的是固定孳息**的部分，因此又被稱為固定收益（Fixed

Income）或固定利息（Fixed Interest）工具；而投資於各式債券的基金，則被稱為債券型基金，這類型的基金淨值主要的成長來自於孳息，另外就是緩慢的資本增值。價格起伏不大的債券型基金，通常投資的就是高債信等級（AA+級以上）的政府公債或公司債。這種基金靠固定收益（即債券利息）成長，當然市場利率變動也會引起短期的價格波動，長期而言，由於複利效果，通常也有可觀穩定的報酬。

海外債券型基金的獲利與否，係由**兩個變動因子**決定：**一是債息，二是債券價格的波動**。債券價格會隨市場殖利率*的增減而上下起伏，若殖利率持續走高，債券價格便會下跌，進而使基金淨值下滑，則投資人本金的虧損甚至有可能比每月所獲得的配息還多。

債券或債券型基金最大的特色，就是到期還本和固定領息，兩者都應**中長期投資**，除非利率波動相當大。利率走勢不會一成不變，債券基金價格也會隨

---

*殖利率：在債券市場中，殖利率是指投資債券至到期日這段期間的投資報酬率，通常會是市場利率。

債券型基金與其他理財工具的比較表（1）

項目	債券型基金	30天期定存	30天期附買回交易債券*	一年期定存
年名目利率	2.046%～2.232%	0.66%	0.5%	1.06%
所得稅率	於92年度修正原免稅之制度為10%	個人：累進稅率 法人：25%	個人：免稅 法人：25%	個人：按綜所稅率 法人：25%
資金調度靈活性	營業日內可隨時贖回	未足一個月僅拿回本金	新作、續作要預設天期	提前解約利息打折

*債券附買回交易（簡稱RP），是指投資人與交易商在進行債券交易時即約定一定利率與一定承作天期，到期時，賣方（交易商）再以原金額加上事先約定的利率買回該債券。

一般債券型基金與積極型債券型基金比較表（2）

項目	投資標的	資產配置	投資屬性	申購時機
一般債券型基金	公債RP、公司債、金融債券、定存	收取債券及定存之固定利息	謀求收益安定	任何時刻將資金作短暫停留
積極型債券型基金	承作買賣斷公債為主，輔以一定比例的可轉換公司債、債券附條件交易、定存	於債市看好時，謀求債券利息與債券資本利得;在股市好轉時將提高可轉換公司債的比重，以間接投資股市	較一般債券型基金積極	預期未來利率走低時，作中長期投資

之變動，投資人可以在利率低時賣出債券型基金，轉入其他海外基金，等到利率高檔時再換成債券型基金。債券基金也可以和其他基金搭配投資，來分散投資風險。

二、股票型基金

1.股票型基金的優點和缺點

優點：在多頭市場時報酬率較高。

缺點：雖然利潤可能較豐厚，但相對的風險也比較高。

2.股票型基金的投資策略

股票型基金是該基金的大部分投資標的是上市公司股票，小部分資金投資於短期貨幣市場。國外的股票型基金一定將大部分資金投入股市，持有股票成數在70％以上；國內的股票型基金，證管會並無明文規定持有股票下限。

一般而言，股票型基金的管理費用比債券型基金或貨幣型基金為高。投資股票型基金，應選擇**景氣循環的低點介入**，**中期持有**，以求最大利潤。全球經濟景氣邁向復甦的景氣循環周期時，投資人的投資組合中，股票型基金不應缺席，反而應占重要比重；全球經濟景氣呈現末段及行情走疲時，投資人應退出股票型基金，轉回債券、定存或貨幣。

根據富達基金公司的統計，持有股票型基金二至四年的投資人獲利最高。不過，有些投資人對行情的變化十分機靈，屬於緊張大師型，既期待賺取短期的價差，又十分害怕遭到虧損，於是往往賺少賠多，難成氣候，總是耗費可觀的交易成本後，卻沒能賺到錢，結果就以玩不過市場為理由，悻悻然終止投資。

部分投信、投顧業針對不知如何下手的投資人設計了「基金套餐」，以多檔屬性不同的基金組成，選一份即可達到理財目的。

基金套餐策略有以下原則：

- 以股票型基金為主，長期而言，股票投資報酬率優於其他投資工具。
- 至少設定三個核心基金，以此向外延伸。

●核心基金應選擇以大型企業股票、國內型股票為主要投資標的。

●可選擇債券、自然資源、貨幣市場等不同標的的基金當配菜，以追求成長兼顧分散風險。

在基金套餐中，設定「定期定額」投資計劃，是長期投資的好方法。每月定期定額投資，成本會比

股票型基金與股票的異同表

項目	股票	股票型共同基金
獲利方式	買賣價差	同左
手續費	3%證交稅及2.85% 手續費	約為購買金額的2.5%～3.5%
獲利性	中等與價格波動等幅	不定，視經理人績效而定
交易方式	先買後賣或先賣後買（融券交易）	只能先買後賣
風險性	高（有套牢之虞）	中等
所需資金	普通股：100%資金 融資第一類股：40%資金 融資第二類股：50%資金 證券：90%資金	有最低限
景氣循環影響	有	有

資料提供：花旗銀行

一筆投資來得低，而決定基金套餐組合後，別忘了定期檢視，適時調整。長期投資並不是放著不管，針對報酬已高的基金不妨先獲利了結，轉進下一個有潛力的市場。

三、指數股票型基金（ETF）

1. 投資指數股票型基金的優點

指數股票型基金（ETF，Exchange Traded Funds）具**「股票」和「指數」兩大特性**。ETF交易方式與個股交易方式完全相同，不論融資*、融券*或是當沖*皆可，對投資人而言，在投資策略上**非常具有彈性**。

其投資優點有：

● **被動式管理有效降低成本**

傳統的共同基金是由基金經理人根據外在環境變遷，以隨時調整投資組合的主動式管理，而ETF是複製指數走勢，因此ETF的投資組合僅隨著標的指數成分股的調整而改變，化主動為被動，此舉可降低基金經理人的管理費用，也能降低交易成本、營運成本及管理費用。

●買賣方便，變現性高

買賣ＥＴＦ就跟買賣股票的方式一樣，它們都是在交易所掛牌的商品，只要在交易時間內，都可以隨時跟證券商下單買賣，變現性相當高。

●沒有保證金及到期日的問題

由於ＥＴＦ可融資、融券，投資人在進行現貨交易時可透過放空*ＥＴＦ規避大盤下跌的風險，或買進ＥＴＦ以規避在現貨市場放空而指數上漲的風險，相較於一般的指數期貨避險，ＥＴＦ沒有到期日的風險，保證金追繳風險較小，因此更能慎選出場時機。

---

*融資：投資人向證券金融公司借錢買股票稱為融資，融資的成數為六成，投資人要自備四成的資金，六成向證金公司借。

*融券：向證券金融公司借股票來賣出就叫作融券，當投資人不看好一檔股票，預期股票會下跌，就可以向證券金融公司借股票來賣出，稱為融券賣出。

*當沖：股票當天買進，當天賣出。

*放空：投資人認為股價會下跌，因此借股票來賣出，等到股價下跌，再低價買回，就叫作放空。例如某投資人認為台積電股價150元，太貴了，因此借股票來賣出，等到股價回跌到120元，投資人再進行回補，中間就賺了30元的差價。

●機動性強，操作靈活

ETF的特性與股票相仿，可以在盤中就知道報價，還可以即時交易、即時撮合，不像傳統的開放型基金必須等到盤後才得知價格與完成交易。ETF也能進行信用交易，投資人看空市場時能夠以放空賺取差價，享受掌握指數變化的好處。

●投資組合透明度較高

共同基金雖然也能達到分散風險的效果，但選股是由經理人決定，容易受經理人投資偏好影響，且持股較不公開。相較之下，ETF的投資組合和指數一樣，持股內容十分透明且不受人為因素影響，投資人在投資時就能十分清楚。

●分散風險

因為ETF是以指數為追蹤標的，其投資組合也將與指數一致，不僅可以達到分散風險的效果，以投資一檔ETF取代投資一籃子的股票組合，還可免去選股的煩惱，大大降低了投資個別股票的非系統風險。

2. ETF的投資策略

對一般的散戶投資人而言，ETF最大特色在於**績效表現緊貼指數**，投資人只要關心大盤指數走勢，就等於可直接賺取大盤指數漲跌的報酬。由於ETF是一堆股票的組合，無論投資哪一種ETF都能為投資人帶來一定程度的風險分散，績效比一般股票型基金穩健，報酬空間比債券型基金更高，風險則較股票投資更低。因此，利用ETF可以形成不同的投資策略——

●保守策略

對保守的投資人而言，債券型基金是經常被使用的投資工具，然而低風險隱含低報酬，單純的投資債券型基金雖然能提供穩健的報酬及低風險，卻無法享受股市大漲時的獲利。為了在風險有限的情況下提高獲利率，**保守型的投資人不妨利用ETF做為核心，再搭配一般債券型基金**，如此在股市行情大好時，ETF與指數漲跌一致的績效表現，可以讓投資人充分享受指數上漲的獲利；在股市表現不佳時，則可以藉著ETF分散風險與債券型基金的下檔保護特色，取得比股票型基金更低的風險。

●積極策略

對於積極型的投資人而言，股票及股票型基金是經常使用的投資工具。然而，高報酬帶來高風險，單純投資股票及股票型基金，在行情大好時，雖然可以獲得極高的報酬，相對的，在行情不佳時，損失也相當可觀。為了在高獲利下，也能維持一定程度的風險控制，**積極型投資人**不妨**利用ETF做為核心持股，再搭配一些個別公司的股票、股票型基金**，在股市行情大好時，一樣可以有高獲利，但在股市表現不佳時，則可以有效的分散風險。

●長期持有策略

過去投資人偏好以銀行定存或共同基金作為長期理財的工具，不過在現今這個低利率的時代，定存所能獲得的報酬實在非常有限，至於共同基金則需要另外負擔基金經理人的人為操作風險及頻繁進出的交易成本。反觀ETF，它著重的是指數與趨勢的操作，在投資ETF之前，只要先對全球市場、個別國家或產業有比較深入的瞭解，確定它的向上趨勢之後，就可以放心投資。

對於長期投資者來說，**投資成本是獲利與否的重要因素之一**，由於ETF

指數股票型基金（ETF）與股票型基金的異同

項　目	指數股票型基金	股票型基金
管理費用	較低	較高
周轉率	低	高
閉鎖期	不一定	約30～90天
管理方式	被動式	主動式
透明度	高	低
操作策略一致性	高	低
基金經理人對績效影響	低	高
追蹤誤差	小	大
績效波動性	與標的指數相當	較大
分散程度	高	較低
買回費	有（基金收取）	無

資料來源：寶來證券

台灣ETF的種類

名　稱	股票代號	追蹤指數	主力族群
寶來台灣卓越50基金	0050	台灣50指數	大型權值股
寶來台灣中小100基金	0051	台灣中小 100指數	中小型權值股
富邦台灣IT基金	0052	台灣證交所電子類股加權股價指數	電子業
寶來台灣電子科技基金	0053	台灣證交所電子類股加權股價指數	電子業
寶來台灣台商收成基金	0054	S&P台商收成指數	中概股
寶來台灣金融基金	0055	MSCI台灣金融指數	金融業

資料來源：工商時報

是跟著指數跑，在向上趨勢確定後，不但可以避免「看對大盤，選錯股票」、「賺了指數，賠了差價」的情況，還能夠省去買進買出的各項交易成本，非常適合穩健的長期投資。

上頁表格是指數股票型基金與股票型基金的異同比較，以及台灣ETF的種類，供大家參考。

四、不動產投資信託（REITs）

1. 投資REITs的優點

● **一萬元當全世界房東**

REITs源起美國，即所謂不動產投資信託商品（REITs，Real Estate Investment Trust），已有四十多年歷史。簡單講，它**就是將不動產分割成一張張的受益憑證**，因此**小額投資人也能參與**。運作方式是先集合投資大眾資金成立一檔基金，由專業投資機構投資各類不動產，如購物中心、辦公大樓、安養中心、停車場、港口、公共建設等可以產生租金收益的標的，基金再將賺到的租金等收益，按比例分配給投資人。

●資產流動性、變現性高

投資人若要投資不動產，只能「直接購買」或「投資不動產相關類股」兩種管道。

若要直接購買不動產，通常需要仲介機構，費時費力，手續也複雜，最重要的是，變現性不佳，而不動產證券化後，投資人可以在集中市場或次級市場交易，REITs交易方式和股票相同，流動性也較佳。

●抗通膨REITs猶勝債券一籌

配息由租金收益決定，**搭配好的團隊管理及增值潛力，即成挑選指標**。國內首支REITs商品——富邦一號REITs於民國二〇〇七年三月掛牌上市後，投資人開始高度關注這種風險與報酬相對穩當的投資工具。以富邦一號來看，其年化收益率4.63%，配息率1%，信用評等級twA+，價格波動小，未來五年現金股利應可平穩成長，加上可享6%股利所得分離課稅，以上這些特質，讓REITs看起來與債券十分相似，因此不少國內投資人都將REITs

視為是債券的替代品。

2.投資REITs的缺點

•受到不動產市場、股票市場波動影響

REITs投資的標的是不動產，因此不動產市場景氣將直接影響REITs資產組合的價值。另外，REITs一般都在集中市場或店頭市場掛牌買賣，證券價格會受到證券市場多空影響。

•受到利率波動影響

REITs對於利率的變動十分敏感，主要原因為REITs是資金密集的行業，利率若是升高，將加大利息的負擔。

3.投資REITs的建議

最近幾年台灣開始出現了REITs的基金型態，以富邦一號為例，將大部分的資金投資在三棟商業大樓，原始總基金規模58.3億，如果要一般人拿出

不動產投資管道比較表

項　目	投資REITs	投資不動產類股	購置不動產
投資風險	1. 租金變動影響投資收益 2. 不動產重估對標的物價值影響	1. 公司營運風險 2. 股價波動大	1. 不動產市場流動性不足 2. 不動產本身漲價
報酬率	穩定	易受股票市場及不動產景氣影響，波動幅度大	視座落區段及用途而定
主要收益來源	1. 租金收入 2. 買賣REITs交易利得	土地開發收入、租金收入買賣交易利得	1. 租金收入 2. 買賣交易價差
流動性	佳	佳	不佳
交易手續費	0.1425%	0.1425%	1. 仲介費 2. 代書費
相關稅費	1. 免證交稅 2. 配息6%分離課稅	1. 證交稅0.3% 2. 股息繳納所得稅	土增稅、地價稅、房屋稅、租金收入繳納所得稅、交易利得繳納財產交易所得稅

這樣的金額來投資是不太可能的事，但是改變成為REITs後，最小認購單位為1萬元，代表只要能拿出1萬元的小投資人，就可以買進一個單位的REITs基金，享受不動產的租金收益。

對於希望投資不動產市場的投資者而言，REITs等於提供了一個**方便而分散風險**的管道，除此之外，投資REITs也是另一種靈活的選擇。REITs屬於不動產基金，通常會把至少65%的資產投資於股權REITs，並且以資本增值及租金收益為主要的獲利來源，這些收益將透過每季或每年的配息配發給投資人。

投資REITs的好處，在租稅方面優惠，減輕租稅負擔，受益證券**買賣免徵證券交易稅**，信託利益不計入受託機構營利事業所得額，故無雙重課稅。**受益人收益所得可享6%分離課稅**。REITs係屬基金性質，除固定配息外，尚享受價值波動之資本利得，投資人有幾萬元即可進場交易。

五、類股型基金

1. 投資類股型基金的優點和缺點

優點：類股型基金**投資標的是以個別產業的股票為主**，常見的分類包括黃金礦脈公司、替代能源、水資源、公共事業、基礎建設、生技醫療股票等。因投資標的集中於單一產業，受個別產業或產品的週期性、政府政策法令以及國內競爭力等因素影響很大，**基金的波動性遠高於股市大盤指數**，獲利潛力高。

缺點：因投資單一產業，獲利雖高，但風險性也大。

2. 類股型基金依據投資標的可區分為六項

●黃金基金

黃金基金是將資金投資黃金生產企業的股票，**並不直接持有黃金，所以黃金基金淨值的增減並不一定和黃金漲跌一致，它是受所投資公司股票漲跌的影響**。黃金基金是類股型基金，投資於全球與黃金、貴重金屬、天然資源及礦物有關的公司的股票。目前在國內可以買得到的黃金基金有：富蘭克林黃金基金、美林世界黃金基金、友邦黃金基金、美林黃金股票基金、黃金組合基金。

●替代能源基金

全球暖化危機浮現，促使世界各國注重替代性能源的發展，尤其在歐美國家，許多有眼光的企業早已布局替代能源產業。目前，**風力發電、太陽能科技、生物能源與水資源四大領域，是市場公認最具發展潛力的四大能源產業**。目前在國內可買到的替代能源基金有：KBC全球替代性能源基金。

●水資源基金

有「藍金」之稱的水資源產業，最近躋身為投資報酬率最佳的產業之一，許多**投資家甚至認為，水比石油更加有利可圖**。

水資源的投資版塊，主要分三個領域，第一類是從事供水和污水處理的公司，第二類是為水資源建設、污水處理、農業灌溉等提供設備的公司，第三類則是水資源工程建設公司。目前在國內可以買得到的水資源基金有：KBC AM比利時聯合資產管理的全球水力能源基金、瑞士私人銀行PICTET所管理的水資源基金、瑞士獨立資產管理機構SAM ASSET所管理的水資源基金。

●公用事業基金

公用事業類股**平均擁有4％以上的高現金殖利率**，當全球景氣降溫與企業獲利成長速度趨緩或多或少出現滑落，預估公用事業類股仍可望持穩於4.1％的水準。公用事業類股在風險波動度攀升下不僅成為投資者最佳的避風港，此外在擁有高現金股利率與企業獲利溫和成長的支撐下，公用事業類股依舊具投資吸引力。目前在國內可以買得到的公用事業基金有：富蘭克林公用事業基金、荷銀公用事業基金。當全球景氣不佳，公共事業基金會成為資金的避風港。

●基礎建設基金

基礎建設基金的投資標的，**與日常生活息息相關**，包括自來水、電力、天然氣、公路、鐵路、機場等交通設施，以及人與人溝通的電信網絡，取代性低且入主障礙高，並受法令規範或長期契約保障，具備現金流入穩定、時間長等優勢，利基遠高於其他基金，是吸引投資人青睞的重要原因。

目前在國內可買到的有：保誠投信亞太基礎建設基金、國泰全球基礎建設基金、華南永昌基礎建設基金、M&G全球民生基礎基金。

●生技醫療基金

戰後嬰兒潮屆臨退休、醫藥科技日新月異等，都將讓人口結構中的老年比重逐步攀升，加上時下流行的預防醫學、個人醫學，以及最新流行的生活風格藥品（藉由治療肥胖、改善性功能、禿頭等來提升生活品質的藥物），全都歸屬在生技醫療概念當中。

生技醫療基金大多涵蓋四大族群標的，包括**生物科技與傳統製藥、藥物開發設備、特別用途化學及醫療設備**。生技醫療是價值型投資，這種產業**對升息與通膨相當敏感**，因此一旦投資市場的關切焦點在利率與通膨的時候，這一類個股的獲利就會被利率所稀釋。由於大部分的健康醫療企業多以美國企業為主，**其走勢與美股的連動性相對較高**，只不過，相較於美股，**利率環境對醫療服務類股的作用更為關鍵**。人類對健康醫療的需求是持續的，但沒有特定的淡旺季循環，所以，現階段最好用**定期定額**的方式布局，只要等到市場氣氛熱絡，生技醫療基金就會有一番表現。目前在國內可以買得到的生技醫療基金有：ING全球生技醫療基金、德盛全球生技大壩基金、KBC全球醫療科技。

基金要管也要理

有些投資人懂得找買點，卻不懂得找賣點，掌握買賣時點者，才能在操作基金上一帆風順。

若選擇的基金表現如預期的好，投資人可適時贖回基金，落袋為安；若所選擇的基金表現不盡如人意，投資人可考慮適時退出或轉換投資其他基金。

轉換與贖回時間點應如何掌握，主要因素**取決於基金表現與投資者的投資策略**。

基金贖回或轉換時機

一、基金投資策略改變

基金公司在創立基金時，都會公告投資目標、投資策略、資產配置、基金經理人與收費標準，並詳列在公開說明書上。

基金的性質一般是不會改變的，投資人也是衡量基金的性質與自己的投資策略吻合，才會購買基金。有時候市場的改變，迫使基金經理公司修正投資策略或經過受益人大會改變基金型態，此時投資人就應考慮是否贖回基金。

例如某一投資人投資於成長型基金，其目標是追求資本成長，基金的投資策略以股票市場為主，並投資於衍生性金融商品，但若金融市場改變，基金經理人決定提高債券、短期票券的投資比重，使基金型態變成收益型，此時投資人就應考量是否贖回或轉換成其他基金。

改變原定的銷售費比例、變動收益的分配方式等，一方面會影響基金未來的表現，一方面也與原來的目標不一致，投資人注意到這些變化時，就應考慮有無必要繼續持有。

二、基金表現良好

投資者買進基金後，基金價格如預期上漲當然是一件好事，但未贖回之前都屬帳面獲利，因為基金價格有可能隨時反轉下跌，因此選擇贖回時機就顯得格外重要。投資者可預設獲利率來決定贖回時點，**依據技術分析法，可將獲利率設定在38.2%與50%、61.8%等三個點**，例如某一投資人買入一檔基金淨值10元，他可以把停利點設在當淨值到達13.82元或15元或16.18元。若基金的投資標的有空頭走向趨勢，則應及時贖回基金，免得侵蝕原有獲利。唯有贖回基金才能落袋為安，否則只是紙上富貴。

三、基金表現欠佳

任何一項投資的目的都是追逐最佳收益，當投資工具不能達到這一要求時，自然會被淘汰。基金也是一樣，當基金的表現不佳，不能為投資者帶來預期的利潤時，投資者也會考慮退出該基金，尋求表現更好的基金。當然，一個基金的表現也是會改變的，開始投資時，可能表現良好，逐漸上升，但經過一段時間後，由於各種主觀或客觀因素，如基金經理公司經營不善或市場行市不好時，使該基金由好轉壞，此時投資者應該考慮撤出資金，退出該基金。

四、基金終止或下架

基金期限屆滿視為終止，基金終止後，經理人、信託人必須聘請會計師事務所機構和公證機構，進行基金的清產核資和公證，並將清產核算後的基金淨資產，按投資者出資比例進行公正合理的分配。如因特殊情況，使基金的運作無法進行，報經主管機關批准，基金可以提前終止。提前終止的情況有：

- 國家法律和政策改變，使該基金的繼續存在為非法或不適宜。
- 經理人因故退任或被撤換後，信託人又不能按期委任新經理人。
- 保管人因故退任或被撤換，信託人又不能按期委託新保管人。

五、投資者的理財策略改變

每位投資者的理財策略與目標並非一成不變，雖說共同基金的投資是屬於三至五年的中長期，但個人理財策略會隨著年齡、收入等變數而改變，當上述原因改變時，投資者就要考慮是否退出基金。

例如，年輕的投資者能承受較大的投資風險，因此將資金投資於高成長型基金，此一目標實現後，投資人開始為子女的教育費做準備，將基金轉換成平衡型基金，而後將資金轉入貨幣市場與債券市場基金，為退休後的生活費預做準備。

六、投資者的財務狀況改變

若投資者收入增加較快，除維持日常各種開支外，閒置資金較多，即可投資於基金。這時投資者一方面可以追加投資，擴大原來所投資的基金或再投資於其他基金，另一方面可從原投資基金中退出，將資金轉移到其他類型的基金，如以前因為資金不足而不能投資，或因風險太大而不敢投資的基金。

如果投資者的收入增加緩慢，而支出增加過快，可能會在維持日常生活上出現困難，導致投資能力下降，只好將資金從原投資基金退出，或從高風險的投資轉入風險較低的固定收入基金。

七、市場行情改變

基金的價值取決於基金投資標的的漲跌，投資標的呈多頭走勢，該基金一定表現不俗；反之，投資標的處於空頭市場，該基金的價格也將下滑。

當投資標的的市場處於空頭，投資人理應贖回手中的基金，避免損失擴大。例如一九九〇年以後，台灣股市走了四年的空頭市場，封閉型基金的價格也由70元向下修正到7元，一九九二年日本股市步入空頭市場，一九九六年泰國股市連番下跌，如果基金投資人未及時出場，將損失不貲。

基金計價幣別怎麼選？

國內許多投資人在投資海外基金時，都會擔心投資績效因為匯率變動，而產生損失。一般而言，外幣計價的海外基金，若該貨幣對台幣貶值，投資人則有匯率上的損失；若計價幣別對台幣升值，投資人有匯率上的獲利。例如，以歐元計價的基金，若歐元兌台幣匯率由46元升值到50元，投資人就有匯兌收益。這也就是為什麼，**投資海外基金的績效來自於基金淨值的增減和匯差的損益**。

投資海外基金時，也同時承受著不同國家貨幣的匯率風險，因此，投資人也應將匯率風險納入考量。通常外幣計價的海外基金是由國外基金管理公司所發行的基金，以全球投資人為銷售對象；以台幣計價的海外基金多是國內投信發行的基金，在國內註冊，以國內投資人為銷售對象。以下是詳細介紹。

一、外幣計價基金，強勢貨幣是首選

只要申購海外基金就會有匯率的風險，以外幣計價的海外基金有匯兌的直接風險，也就是投資人在申購時，必須自行將新台幣轉換成外幣，投資人要承擔直接的匯率風險。例如，投資人要申購台幣5萬元，美金計價的富達拉丁美洲基金，此時基金淨值為美金10元，當時美金對台幣的匯率為32元，則投資人可申購156.25個單位（＝50000÷32÷10）。三個月後投資人贖回基金，此時基金淨值為美金12元，當時美金對台幣的匯率為30元，則投資人可得台幣56250元（＝156.25×12×30），獲利台幣6250元，其中淨值賺了錢，但匯率上造成損失。

基金計價幣別一般有：美元、日幣、歐元、英鎊、澳幣和紐幣不等，當上述幣別與新台幣之間的兌換變化時，此時的損益除原幣別投資之報酬率外，再加上匯率的價差，會有雙重的效果，因此在投資上要考慮到計價幣別是否為強勢貨幣，如果是**強勢貨幣**，**非但沒有匯兌損失**，**反而會有匯兌利得**。對於海外基金的投資者而言，該選擇何種貨幣計價的海外基金呢？實務上，由於美元及歐元是國際主要流通貨幣，因此大部分海外基金還是以美元或歐元計價。

台灣投信公司募集的海外基金通常是以新台幣計價，例如元富投信的日韓基金，投資人不要認為這樣就沒有匯率風險。其實投信公司募集台幣資金後，將其投資於海外股票、債券等外幣資產，同樣會有匯兌風險，但此風險是反映在基金淨值的漲跌，投資人不用直接承擔風險。例如，同樣都是投資於日本的股票型基金，均有日幣匯率的風險，差別在於台幣計價的基金淨值會將匯率損益直接反映在淨值上，而日圓計價的海外基金則不會將匯率反映在淨值，等到投資人贖回時才由銀行進行換匯。

海外基金已經成為台灣投資人的主要投資工具，如果匯率的問題沒處理好，最後搞不好白忙一場，賺了淨值，卻賠了匯差。匯率的影響因素甚多，各因素之間又彼此相互影響，匯率預測其實非常困難，不過，對於匯率風險我們卻可以事先加以評估，並進一步進行適度的管理。

其實基金公司為了避免匯率波動對基金報酬率造成太大影響，不論是國內或國外投信公司發行的海外基金多會進行匯率避險。台幣計價的基金會以台幣資產角度出發，來規避計價幣別與台幣之間的匯率風險；相對地，外幣計價的基金也會進行避險，避險的角度多由其他幣別出發，以全球投資人為考量，例如以美金計價，投資於歐洲地區的基金，基金經理人考量的是歐元與美金的匯價。

面對外匯的變化，建議投資人**以資產配置的觀念來選擇計價幣別**，進而掌握投資契機。例如，將投資資金分為台幣資產與外幣資產，台幣資產可選擇國內投信發行以台幣計價的國內與海外基金，而外幣資產可選擇海外基金公司發行以外幣計價的基金。投資人可檢視手中的海外基金所投資的幣別是否達到分散的目的，例如投資人可分散計價幣別為：美元、歐元及澳、紐幣，此時在匯兌上就能發揮分散風險的避險作用了。

二、台幣計價基金，台幣貶值時贖回

投資外幣計價的海外基金可於淨值增加時贖回基金，如果匯率上也有利益便可轉成台幣，獲利了結；如果有匯兌損失時，可先暫泊在外幣信託帳戶或貨幣型基金，等待較好的換匯時機再兌換回台幣。

海外基金投資方式可分為：**台幣單筆申購、台幣定期定額及外幣單筆申購**三種。以新台幣申購之投資方式，最後辦理贖回時皆會面臨到新台幣匯率升貶波動的問題，台幣在升值時就暫時不建議贖回，如果基金報酬率不錯，新台幣匯率又現貶值，才是贖回的好時機。

雖然匯率波動會影響海外基金的投資收益，但是投資海外基金時，更應該注意海外基金所投資的國家貨幣是否為強勢，所以基金淨值的影響數是大於計價幣別的升貶，特別是股票型基金更是如此。以產業趨勢及市場景氣作為考量，或選擇全球型及區域型基金，不論以哪種外幣計價，因投資標的分散全球，也有自動分散匯率風險的效果。但是投資債券型基金的投資人就要重視匯差，因為債券型基金通常報酬率不高，因此匯兌損失就必須加以考慮。

選擇配息基金，還是不配息基金？

投資共同基金主要有兩種獲利：買賣基金的差價獲利和每年的收益分配。依據基金類別不同會有所差異，投資人可配合自身需要，選擇配息基金或不配息基金。

一、希望賺取較大差價，選不配息基金

若投資人的目的是**追求資金的成長**，**不分配收益的基金是較佳選擇**。投資共同基金大體可分為**資本利得**、**利息收入與股利收入**，而基金最大獲利來源是「低價買進，高價賣出」，賺取差價。如以15元購買基金，在37元時賣出，每一單位即可獲得22元差價；又例如以20元購買1萬個單位的基金，在40元時賣出1萬個單位的基金，則總獲利為20萬元。

二、希望有定期收入，選配息基金

如果投資目的是為了收入，例如退休人士希望每月或每年有固定配息可用於生活，當然就該選擇有分配收益的基金，獲取定期的收入。如果**基金要配息，必然會影響到淨值的成長**，因為所分配的收益是從淨值中撥出來的，往往收益一經分配，淨值就會跟著降下來，基金的總資產也會跟著減少，並沒有為投資人增加獲利，只是投資人將部分獲利先落袋而已。

例如，有一個基金配息當時每單位淨值10元，當基金決定每單位配息1元時，每單位淨值也會降為9元。對投資人而言，你分配到了1元配息，但淨值降為9元，加起來還是10元，與配息前一樣，並未增加獲利。

以寶來投信發行的寶來台灣卓越50基金為例，在二〇〇五年、二〇〇六年分別配發了1.85元、4元現金股利後，二〇〇七年再度進行收益分配，決議每股配發2.5元現金股利。寶來台灣卓越50基金連續三年配發股息予投資人，再創國內ETF新紀錄，因此該基金是法人及一般投資大眾布局收益題材的首選。

管理基金小技巧

投資基金是讓自己的財富穩定成長的一種管道，但是並不能保證一定永遠獲利，因此在基金管理上要把握一些小技巧，才能在基金市場上成為常勝軍。

一、定期檢視基金價格和對帳單

投資共同基金，不論是單筆或定期定額投資，都得定期關心基金市場走勢，**千萬不能買了之後就漠不關心**。投資基金不可能穩賺不賠，定期檢視的好處在於，當趨勢反轉向下，價格一路下滑時，才可以早日出脫，避免損失擴大。

投資基金後，每個月均會收對帳單，有些是用郵寄，有些是用e-mail，當收到寄來的對帳單時，很多人可能不瞭解對帳單中某些數據的意義，由於每家銀行的對帳單格式不盡相同，常使得投資人對於帳單是一知半解，甚至不大清楚目前投資是賺是賠，如果有這種情形，應該找你的理財專員問個清楚。

還有，若是以定期定額方式購買，要隨時注意指定扣款的帳戶餘額夠不夠，像國泰世華有明文規定，無法扣款連續達五次時，視為停止投資。有些投信則沒有這項規定，以元大投信為例，即使你曾無法扣款數次，只要一有錢存入，投資仍然有效。

此外，現在網路相當發達，投資人可進入銀行或基金公司的網站，輸入自己的帳號和密碼，就能很清楚且隨時掌握自己的投資組合和損益。基金公司也提供「基金健診」服務，投資人只要進入網站即可運用，相當方便。

二、做好資產配置，降低投資風險

投資共同基金的首要工作就是做好資產配置，不但可有效降低風險，同時也可以增加報酬率。如何做好資產配置呢？那就需要用到資產配置六宮圖（如下頁圖），其在決策配置的變數有投資人的投資屬性和目前的景氣循環期。投資人的投資屬性可分為積極型、穩健型和保守型三種，而景氣循環可分為景氣成長與景氣衰退兩種，投資人可在此六種情境下，調整個人投資的股票、債券、現金的比例。

基金資產配置六宮圖

變數	積極型投資人	穩健型投資人	保守型投資人
景氣成長	股票90% 債券10%	股票60% 債券30% 現金10%	股票50% 債券30% 現金20%
景氣衰退	股票50% 債券30% 現金20%	股票30% 債券40% 現金30%	股票10% 債券50% 現金40%

基本上，股票型基金是景氣多頭市場的產品，屬性比較偏向積極的投資策略，當景氣向上攀升，股票型基金的淨值就跟著水漲船高。例如高盛在二〇〇五年推出金磚四國——巴西（Brazil）、俄羅斯（Russia）、印度（India）和中國（China）的BRICs概念股，新興市場基金表現得非常夯。又例如原物料高漲，石油居高不下，此時，能源基金、替代能源基金、生產原物料的拉丁美洲基金就成為投資人的追逐標的。

債券型基金是屬於穩健、保守的投資商品。在景氣攀升之際，表現不如股票型基金，但在景氣下挫時，反而具**有抗跌的效果**，此外，在景氣步入衰退期，各國政府都會調降利率來刺激景氣，當市場利率一下降，債券價格就會上揚，進而帶動債券型基金的淨值成長。

現金也必須放在投資組合中，因為現金部位可以讓投資人能較彈性地增加股票或債券的部位。當投資人確定景氣會再持續上升，則可將現金部位轉成股票型基金；而當景氣有反轉疑慮但是又無法完全確定時，可贖回部分股票型基金，暫時轉成現金，等待下一個明確景氣訊號。

由上述的推論，我們可將股票型基金、債券型基金和現金，依景氣和投資人的屬性配置如上頁。

三、學習法人機構，停利停損不手軟

投資共同基金的兩大重點，是**標的基金的選擇與投資策略的運用**，只要能好好掌握兩個重點，你就可以穩穩賺共同基金的錢。而投資策略的要點就如前面提到的——做好資產配置，設停利和停損點，說起來容易，但是執行起來卻相當困難。推其原因，是因為一般投資人都犯了投資大師巴菲特所講的「貪婪」與「恐懼」。

當基金表現優異時，就起了貪婪的心，深怕自己贖回基金後，基金淨值還會再漲，沒有賣到最高點，甚至抱怨自己買太少，即使淨值來到當時設的停利點，也不願嚴格執行。相反的，當基金表現不佳，就起了恐懼的心，埋怨自己為什麼選這檔基金，怪罪基金經理人操作績效太差，心裡嘀咕早知道就不要買，即使淨值來到當時設定的停損點，深怕停損之後，基金立刻反轉向上，賣到最低點，因而猶豫不決，錯失停損的機會，結果虧損愈來愈大。

沒有辦法嚴格執行停利與停損的投資心態，正是一般散戶與法人最大的不同。其實也難怪，因為散戶是拿自己的錢，停利與停損的執行直接影響到自己的財富，自然不容易下決策，更不容易執行。法人是操作投資人的錢，為求績效表現，自然能理智地執行停利與停損，況且基金公司內有一套嚴格的風險控管系統，一旦風險係數加大，沒有任何理由就要依據制度和規則來操作。

其實，在投資心法中，「**不貪**」、「**不懼**」是相當重要的，也就是要**活在當下的行情**。當到達停利點時，就要想到「有不錯的報酬率了」、「落袋為安」、「確保既得利益最重要」、「沒有人能賣到最高點」、「再不停利，或許明天淨值開始下跌」、「留一些給別人賺吧」，有了上述的想法，停利出場就會顯得輕鬆愉快。相反的，面臨停損的執行，就比停利來得痛苦與殘酷，因為那是在割投資人的肉，在讓投資人財富縮水、資產減少。但是面臨此一情況，投資人要表現出豁達、不懼的一面，「執行停損避免損失持續擴大」、「留得青山在，不怕沒柴燒」、「斷尾求生」、「果斷出場，重新調整操作策略」——有了上述的想法，停損出場就不會那麼困難。

四、投資組合不宜太複雜，否則不利基金管理

有些投資人為了降低風險，分散投資，力行「不要把所有的雞蛋放在同一個籃子」的原則，買了數十檔的基金，結果因為持有基金種類太多，無暇管理，也無從追蹤各個基金的表現，到頭來反而變成虧損。

其實一個基金投資組合中，以三至五檔基金最適度，絕對不可超過五檔以上，因為投資組合太複雜不但不能表現操作績效，也不利基金的管理。所以我們在挑選基金時，絕不可人云亦云，別人說那一檔基金好就買一些，最後滿手

精選基金的步驟

觀察全球景氣循環階段
↓
選擇投資區域或選擇投資產業
↓
決定投資基金的類別，篩選出優質基金

一大堆連自己都看不懂的基金，好似開了一家基金雜貨店。

其實買**基金貴精不貴多**，挑選三至五檔優質的基金勝過百檔基金。那麼，如何挑到優質的基金呢？可用由上而下的方式來挑選。所謂由上而下的方式，就是：先看全球的景氣循環在哪一個階段，再看哪一個地區或產業值得投資，最後再看哪些基金公司旗下基金的投資標的和策略與這些地區或產業能接軌。以這樣的思考邏輯和選基金的模式，就可以選到優質的基金，再也不用像無頭蒼蠅一樣亂選標的物。

散戶的投資操作策略

散戶不同於一般機構投資人，因為他們資金有限，且財經知識不如投資市場的專家，所以散戶常會是市場主力坑殺的對象。因此，一般投資人要謹守投資的原則，才能在股票市場投資致富。

有些散戶只相信千線萬線，不如一條內線，多半只注意打聽消息和明牌，而不願花工夫去做功課，對所投資公司的營收、獲利等基本面資料，完全視若無睹，或欠缺解讀能力。其實散戶聽到的消息大多已是第N手，如果欠缺獨立判斷能力，早晚死路一條。有些投資人常常在股票被套牢之後就選擇長抱不動，以長期投資的假象來犧牲投資的流動性，這種鴕鳥的心態十足可議，如果抱的是績優股，還能以「時間換取股價」等待解套；如果持有的是沒有前景的股票，則只有終身套牢的命運。

其實在股市，每年、每季甚至每月都有題材發生，都有賺錢的機會，而喪失資金流動性的人則往往無法把握這些賺錢的機會。資深的股市業內人士不參加除權*，不認購增資新股，操作不順利時以停損來換取資金流動性。把握資金的流動性**並不等於**換股頻頻、短線操作，而是選擇成交量大的股票，進行波段操作，必要時能夠隨時賣股變現，也能確保資金流動性。

股市行情在上漲的多頭市場通常持續的時間為二至四年，然後進入不景氣、行情普遍下滑的空頭市場通常只需一年；等空頭市場結束，又再進入另一個新的多頭市場，如此周而復始，因此行情總在極度悲觀中誕生，總在極度樂觀中消失。所以，我們在投資股票市場時，要先判定景氣循環的方向，順勢而為，不可逆勢操作。

機構法人會從基本面選出績優股來投資，**如果投資人不知如何選股，那就選人氣旺的產業及指標股**，**積極買強勢股**，當股市飆升時，主流股必定領軍上漲。如果還是不知哪些是強勢股或主流股，那就買進產業的龍頭股，例如塑化類的台塑，電子類的鴻海、廣達，面板類的友達、奇美，晶圓代工的台積電。

有利可圖的股票怎麼選？

一、選擇高成長率的股票

在選擇股票時，**每股盈利的增長率是極重要的動指標**，每股盈利增長率越高，股票越理想。但如果最近的盈利微乎其微，因而只要增加一點，增長率就會很高，這種情況應當作例外。例如，每股盈利由0.5元增為2元，固然其增長率高達300％（＝2÷0.5－1），但這種增長率不如由5元增為10元來得有意義，儘管後者的增長率只有100％（＝10÷5－1）。很多股票投資人只看到股票價格便宜，買進那些當季盈利並無增長，甚至下跌的股票，這種做法有失偏頗，因為如果一家公司的獲利情況不佳，它的股票價格自然也不會好到哪裡去。

新的成長股至少能連續在兩個多頭市場行情中超越大盤，然而在下一個多

＊除權：因應發放股票股利或現增而向下調整股價就是除權，因應發放現金股利而向下調整股價就是除息。除權或除息日當天向下調整股價，成為除權或除息參考價。

頭市場循環中，領先的往往是那些受到景氣循環影響較深的或營業出現轉機的股票，所以有時會看到前一年沒人要的股票，下一年反而會成為熱門股。受景氣循環影響較深的股票在展開大行情之後，其股價能夠維持在高價位的時間也比較短，往往最高價位出現後，就會因盈餘下跌而暴跌。

投資人必須瞭解各家公司公布各季獲利情況的日期，通常在發布消息之前的一至四週，某些股價會有不尋常的動向，但也有可能在同一產業其他股價行情大好時，它的股價卻蹣跚不前，這些都是利空消息發布的徵

金像電2368切入伺服器的業務，營收快速成長，股價大漲一倍以上

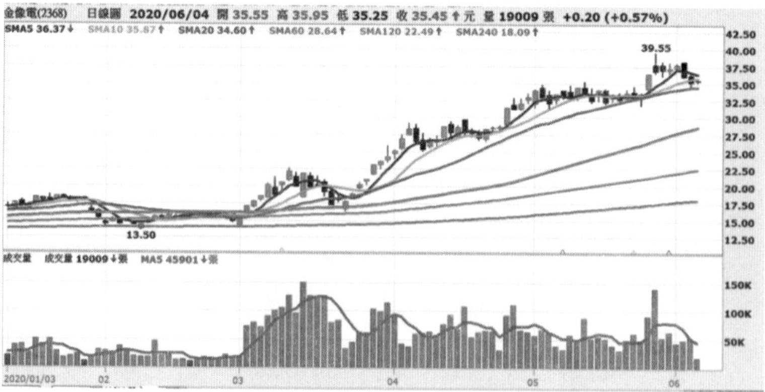

兆。當某些公司在預定發布業績的日期過後，仍遲遲不發布業績報告，投資人就必須提高警覺。

有些投資人或投資機構喜歡買進最近獲利減退的公司股票，理由是這類股票的價格較低，認為比較「划算」；另一方面，是抱有僥倖心理，期待過一陣子之後它們的營收和獲利會大幅度回升。有時這樣做是對的，但更多時候其結果反而適得其反。可供選擇的股票越來越多，何必去碰前景並不確定，而捨去那些每股盈利在持續增長的股票呢？總而言之，選擇的股票必須要有相當高的每股盈利增長率，這樣必然會降低投資風險。

二、選擇籌碼集中的股票

某些股票的發行數量很大，要拉動它的股價得耗費一番功夫，要使這些股票的價格上揚，必須有強勁的市場需求；反之，發行數量少的股票，只要市場需求稍稍轉旺，股價就會迅速上揚。簡單來說，倘若有兩種股票，其中一種發行量為1000萬股，另一種的發行量為6000萬股，那麼，當其他因素相同時，發行量較小的股票表現一定好得多。

如果兩種股票發行量一樣，而兩公司大股東所持有的股票百分比不等，則大股東持股愈多，流通在外的股數就愈少，這種股票也就愈值得投資。如一九八三年至一九八九年國內股市狂飆，即因上市公司的家數太少，進入股市資金龐大所造成，這時的小型股動輒每股高達300元就是這個原因。流通在外的籌碼太少，而想在股市淘金者日眾，因而只要眾多散戶不管股價多高，盲目跟風搶進，股價就會直線上漲。

當我們發現**一家企業宣布實施庫藏股，並持續不斷購回自己的股票，這是極佳的信號**。一家企業不斷吸進自己的股票，不但減少了市場流通的籌碼，也**表示看好自己公司的前景**，其營業額和利潤在近期內都可能大幅度增長。

三、選擇創新的股票

股價若想飆升，一些新東西是必要的。所謂**「新東西」是指新產品、新服務、管理階層大變動、所屬的產業發生重大的利多變化**，如發生缺貨、漲價等情況，或者有**新的技術出現**時，都會使得產業內所有公司者都受惠。

大部分新發明、轟動市場的新產品、新服務，大都是那些具有創新意識、富有企業精神的中小企業所推出的。一家大企業即使能推出暢銷的新產品，對股價也未必有大的影響，因為大企業的產品種類繁多，一種暢銷產品其營業額及盈利，可能只占公司整個營業額和盈利的一小部分而已。

國際知名公司如微軟（Microsoft）、英特爾（Intel）和蘋果（Apple），都是因為創新而讓股價維持在高檔。二〇〇九年電子書的市場被大家看好，所有投資人一窩峰搶進電子書概念股，專做電子書顯示器的元太科技、振耀科技股價狂飆；二〇一三年生技類股因為不斷創新，開發出新藥，雖然公司仍在虧錢，但是股價的表現卻相當驚人。

四、選擇法人機構投資的股票

幾乎每一種上市股票都會經過投資機構仔細地研究篩選，未能獲得投資機構青睞的，極可能沒有良好的表現。各類投資機構對股票總體上會形成較一致的看法，即使他們漏了某種股票，這種股票也必須有強勁的買盤才能有所表現。換一種角度來看，持有投資機構買進的股票想脫手也比較容易，交易清淡、行情低迷的時候，股票若沒有投資機構支撐，要脫手就很困難。股票的流動性也該考慮，有投資機構支持的股票必然有較大的流動性。

一般我們在股市上常聽到的**三大法人是指：外資、投信、自營商**。三大法人因挾帶龐大資金進出股市，動向因而備受矚目。由於三大法人每天皆會公告當天進出的股票總類和張數，對市場有其影響性，散戶通常會依據此依資訊做為個人投資的參考，也就是說看到法人進場，散戶就跟進，看到法人出場，散戶就賣出，因此在市場上具有乘數效果。

投信是指「證券投資信託公司」，投信主要在募集眾人資金，由專業經理人做有效投資之專業機構，而此所募集的金額又稱共同基金，為投資理財工具的一種。投信也可經營全權委託業務，也就是市場上所說的代操業務，摩根富林明投信、群益投信、國泰投信等公司屬於投信公司。

外資（QFII，Qualified Foreign Institutional Investor），**即合格外國機構投**

資者。也就是允許被核准的合格外國機構投資者在中央銀行的監管下，匯入一定額度的外匯，並轉換為台幣，透過嚴格監管的專門帳戶，投資以台幣交易的本土證券市場，當外資要離開台灣市場時，其本金、資本利得、股息、利息等經中央銀行審核後，可轉為外匯匯出境外。

綜合券商的業務包含證券自營商、證券承銷商、證券經紀商。**證券自營商是指券商運用自己的資金，自行買賣上市、上櫃公司股票及政府債券為主，需自負盈虧風險，並不接受客戶委託業務**。自營商有復華證券自營部、元大證券自營部等。

股市五大投資法，選定策略不盲從

股市詭異多變，不僅一般投資人無法正確地掌握買賣時機，有時專家也會跌破眼鏡，因此，**投資人應自有一套投資策略，不要一味跟著別人搶進搶出**。

一般而言，股市投資策略有下列幾種：

一、固定價位投資法

固定價位投資法是指投資組合中，股票部分的市價保持常數。因此，當股票上漲時，投資人必須及時賣出部分股票，使持有股票部分的市價維持常數；股票下跌時，投資人必須再買進股票，使持股的市價等於這個常數。簡言之，就是**維持持有股票的總市值在一定的「價位」，以股票上下漲跌決定投資的方法**。

例如，某人投資200萬元購買股票，若股價上漲，使他持有的股票總市價上升到240萬元，則他可以出清手中約40萬元的持股；若股價下跌，使得他持有的股票市價下降到180萬元，則他應該再拿出20萬元來購買股票。

此法最大的**優點是單純，易於執行**，投資人**容易決定買進賣出的數量**，而且**不用預測股價可能上漲到什麼幅度**。唯此法在量大時的急漲急跌，會造成失誤。

二、比率投資法

比率投資法分為「變動比率投資法」與「固定比率投資」二種。**變動比率投資法是以股票的市價變動為基礎，改變投資組合中所持有的各股比率**，其目的在股價上漲時賣出股票，下跌時增加持股比率。例如，多頭市場尾聲時，投資人擁有5％的股票、95％現金，假如行情扭轉，投資人持續買進股票，因此在股價落底部時，轉換為95％的股票，5％的現金。執行此法時，投資人必須評估買賣時點及中間價位在何處，也就是何時股票與現金的比率應相等。

固定比率投資法是指投資組合中，「攻擊性股票」與「防禦性股票」的價值維持一定的比率。投資人在股價上漲時，必須出售防禦性的股票，轉為買進攻擊性股票，因攻擊性股票漲幅較大；當股價下跌時，投資人必須出售部分攻擊性的股票，因防禦性股票跌幅較小，轉為防禦性股票。所謂攻擊性股票是指漲跌幅皆大於大盤的股票，防禦性股票則是股票波動不大的大型股。

三、平均投資法

平均投資法通常能有效降低時機研判錯誤所產生的風險。平均投資法**運用時間間隔，在一段時間裡分段買進或賣出股票，而在每段時間中，運用同等金額購買股票**。假設投資人不知道股價何時上漲或下跌，可以以時間間隔同量買進，平均買進成本。

正因投資人以相同資金分段買進一種或一組股票，資金的劃分成為平均投資法的重心。尤其在股價低檔時，投資人可買進大量股票，此法更具效用；而當股價上漲時，運用平均投資法的投資人，其平均成本會比股價水準為低。

假定投資人準備購買十張太平洋建設的股票，他可以分批買入。當股價在18元時買入二張，上升到20元時再買二張，上升到22元時再買二張，下跌到20元再加買二張，最後上升到22元再買二張，也就是說每隔2元的價位買入股票，如此購買成本會相對的便宜。賣出股票時，也可用相同的方式。

四、三角形投資法

所謂三角形投資法，簡單說，就是正三角形方式買進，倒三角形方式賣出。**三角形買進是在股價下跌的過程中一路向下買進**，且隨著股價下跌的每一階段，買進的數量不斷增加，當股價回升時，則逐漸減少買進數量。從買進股數及價位的分布狀況看，上述買進型態呈正三角形，故稱之為正三角形買進。

倒三角形賣出則是在股價上漲的過程中一路向上賣出，賣出的數量隨股價的上漲而增加，一直到將持有的股票賣光為止。由於賣出的股數及價位分布呈倒三角形，故稱之為倒三角形賣出。例如某投資人看好台積電，擬定投資策略是100元買進台積電一張，95元買兩張，90元買四張，85元買八張，而賣出則設定在105元賣出一張，110元賣出兩張，115元賣出四張，120元賣出八張。

五、定時定額投資法

這也是基金公司教導投資人的方法，定時定額是可以降低投資的成本，避免因單筆投資套牢在高點，不過，一般投資人最後反而常以賠錢收場，探究其原因，在於投資人選錯標的，還有策略錯誤。用定時定額投資法，投資標的相當重要，基本上**以產業龍頭股或指數股票型基金（ETF）為主，因為這些標的不會倒**。其次，投資人要有長期投資的準備，遇到行情下跌反而要有信心往下加碼，千萬不可停損出場，反而是在有超額獲利時要停利出場，也就是要有「停利，不停扣」的投資邏輯。

定時定額投資法與單筆投資比較

投資策略	定時定額投資	單筆投資
投資邏輯	長期布局	買低賣高
條件	長期資本能力	預測市場能力
本質	賺時間財，風險規避	賺機會錢，風險偏好
機會	長期致富	快速致富
風險	投資停止	財富損失
應用	停利不停損	停利停損

投資股票需牢記七守則

如果你沒有時間分析、研究股市行情，或者因殺進殺出而虧損累累，那麼建議你買進**大型績優股長期持有**，數年下來必可累積一筆比定存優厚的利得。

股市一直都是有漲有跌，即使在空頭行情的年度，也會有上漲的時候。照理說，投資人並非沒有賺錢的機會，但要看準行情，卻必須下功夫研究，再加上幾分運氣。股市投資人絕大多數是散戶，自然成為大戶和主力坑殺的對象，這也難怪散戶老是覺得自己在小賺大賠。

買賣股票還是要**做長線比較容易賺到錢**。股票放得久，獲利應不輸定期存款，投資人不妨買些股利高的股票，並參加除權，長久下來應可填權，那時的股子、股孫都算是賺到的。筆者有一位長輩，年輕時就進入一家上市銀行上班，他只要有閒錢就去買該銀行股票，幾十年下來，除了員工配股、向其他同事收購的股票，以及那些股子股孫，算一算也有上億元的價值，現在他正等著退休享清福。

做長線除了**要有耐性，也要有基本分析的概念**，需概略知道整個經濟景氣、個別產業走向，以及上市公司的動態。法人投信善於選定股票後在低檔買進，長期持有，最後都有不錯的獲利，值得散戶投資人參考。

以下是投資股市要牢記於心的守則：

一、分散投資，長抱績優股

選擇三、四家經營正派，所從事業務又有潛力的公司股票，**一有錢就買進**，長期下來，隨著經營及公司的成長，再加上配股配息，將可累積一筆可觀的財富。

二、漲時重勢，跌時重質

股票的價格是資金堆積起來的，必須經過不斷換手，才能將股價往上推升，因此，上漲的過程首重氣勢，氣勢足的股票才能在多頭市場有所表現。在股票下跌時，投資人會殺出手頭體質差、業績不好的股票，因此，在空頭市場中，體質佳的股票跌幅較小。

三、細心觀察經濟景氣循環

股市是經濟的櫥窗，股市的漲跌與景氣有密切關係，股市表現是景氣循環的領先指標。就長期投資的觀點而言，投資人應在景氣谷底時買進股票，景氣復甦時加碼，待景氣繁榮時出脫持股。

四、勤做功課，首重模擬分析

買賣股票，先做紙上模擬訓練，不但可避免損失，還可以提高日後實際進場時得勝的機率。多花時間做技術分析與基本分析，有助於投資人的判斷力。

五、不可盡信專家，信人不如信己

專家也有跌破眼鏡的時候，原因在於股市走向有時不近乎常理，故專家的話僅能供參考之用。奉勸投資人還是多運用自己的智慧、常識化險為夷，**自己**

才是最值得信賴的投資顧問。

六、盡力而為，切忌盲目擴張信用

投資股票應量力而為，不可盲目擴張信用。大量運用融資、融券，雖然在行情判斷正確時會獲利倍增，但若行情判斷錯誤亦將一敗塗地。

七、以平常心投資股票

應保持心平氣和的投資態度。一心一意急著賺錢的人，到後來總是賠錢，真正賺到錢的人，反而常是那些抱持平常心的人。

投資股市最重要的事——風險控管

個人投資股市最重要的是風險控管，**風險控管的基本原則，是投資人即使在股市大跌時，其投資組合也不會影響到家庭的生活開銷**，為了做好此項工作，我們必須對股市投資做總量管制，同時要節制財務槓桿*的使用。

有許多投資人為了一夜致富，向親友或銀行借錢買股票，再向券商融資，在雙重槓桿的影響下，理財的風險快速增加。台灣還有不少股市投資者也參與股票指數期貨及選擇權的操作，這些衍生性商品的投資，只要付出少許保證金即可投入，因此財務槓桿超過十倍以上。倘若這些原始保證金也是借來的，那

＊財務槓桿：財務槓桿又可稱為融資槓桿，即企業在投資時，是利用適度舉債來制定資本結構之決策，以達到提高投資經營之收益或達到放大報酬之效果。個人理財也可藉由舉債增加資金，擴大投資報酬率，但相對的也會增加投資風險。

麼理財的風險會如滾雪球般愈滾愈大，一旦股市崩盤將會衝擊你的人生，因此你要心臟夠強才能從事期貨與選擇權的操作。

所以**在進行投資前，必須詢問自己是否有能力承擔失敗的後果**。我一直反對一般投資者融資買股，更不要拿居住的房屋向銀行抵押借款，或用現金卡借款去投資，以避免過度的財務壓力。其次，配置適當的投資組合也是重點，**一般的投資者投資股市的金額，最好不要超過可運用資金的一半**，例如你有閒置資金200萬，投資股票最好不要超過100萬，畢竟個人理財「爭的是千秋，而非眼前的短暫」，留一半可運用資金存在銀行，避免讓生活過度暴露在股市的風險中。

此外，要有承認失敗的勇氣。很多投資者的行為是將有賺的股票賣掉，讓自己的心情愉快，賠錢的股票則繼續抱著，希望有朝一日股票上漲還本，事實上，反而抱越久虧損越多，這是一般投資人的通病。當股市越跌越深時，投資者不甘心套在高點，到處借錢，希望往下攤平降低成本，有親友借到沒有親友，最後甚至破產，以致房屋被銀行查封，當你面臨上述的抉擇時，寧願承認失敗退出股市，來保住基本的家庭生活。

最後，要時常提醒自己，**理財的基本原則是追求「財務尊嚴」，而非賺取最多金錢**。如果是為了想賺最多的錢，投資風險一定與日俱增，那麼只要遇到一次崩盤，後果就是「家破人亡」。透過設定適當的投資組合，避免過度槓桿，具備承認失敗的勇氣，在長期理財規劃下，賺取適當的金錢，過著風險控管的人生，這就是財務尊嚴的最佳寫照，畢竟留一條後路給自己，才是理財根本之道。

兩種投資股市的風險

一般而言，投資有價證券有二種風險，一種是系統性風險，另一種是非系統性風險。

系統性風險就是整個市場的風險，整個市場的漲跌影響到投資人的得失。系統性風險通常是由整體政治、經濟、社會等環境因素造成，如兩岸關係、景氣波動、匯率升貶、政治現況等因素所影響，因此系統性風險為**無法規避的風險**，無法藉由分散投資來降低風險，只能調整持股比率，增加現金，減少持股。系統性風險一旦發生，無論公司業績好壞，股價一律慘跌，而「現金為王」的基本論調，確實可以讓投資人避開風險減少損失，如一九九七年的亞洲金融風暴、二〇〇〇年的Y2K高科技風暴、二〇〇七年的美國次級房貸風暴，都是屬於系統性風險，由於股價一再重挫，投資人眼見財富縮水，為了避免損失擴大，紛紛拋出手中持股，甚至連績優股也不惜出脫，此時投資人只為

2020年新冠疫情延燒到歐美出現系統性風險，台股指數一個月大跌3500點

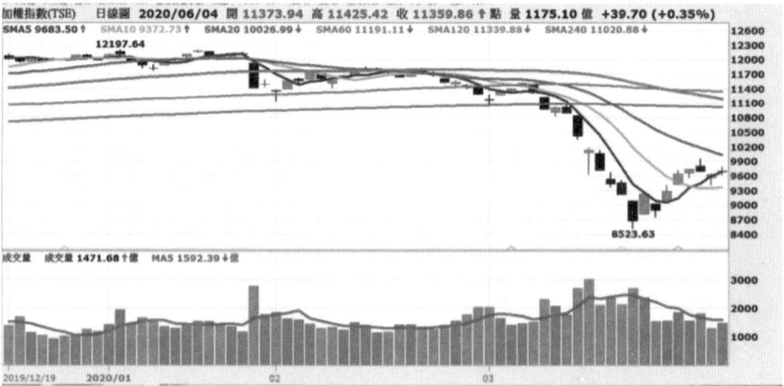

取得現金，保有流動性。系統性風險也有可能是單一產業，例如二〇〇九年股價回升，但是太陽能產業在油價下跌的陰影下，整體表現不佳；又例如一九九五年台灣房地產崩盤，資產類股和金融類股的表現比大盤來得差。

非系統性風險是個別公司經營績效影響該公司股價表現的風險，故即使在多頭市場，公司經營不佳也會使股價下跌。非系統性風險是個別公司獨有的風險，公司股價會因公司經營管理、財務或意外狀況而受影響，如訂單爭取失敗、新產品開發進度落後、商業糾紛、訴訟等特殊事件。例如二〇〇二年東帝

誠美材4960 因公司經營階層不合，加上經營績效不佳，股價一路跌

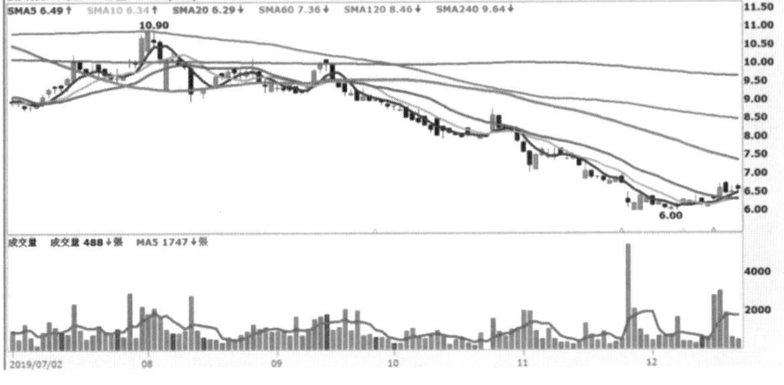

士集團因為資金周轉不靈而跳票，投資人損失慘重；又例如二〇〇三年博達科技爆發做假帳風波，股票因而下市，二〇〇七年全球景氣快速成長，但歌林公司因為被美國經銷商倒帳，提列大幅虧損，公司因而下市；再例如二〇〇九年一月，法院判決遠東百貨入股台北太平洋SOGO百貨有疑慮，遠百股價因而無量下跌。

非系統性風險可利用分散投資方式加以規避。

四種方法控管投資股票的風險

風險無法控制，但是可以控管，所謂控管就是不要讓損失擴大，達到自己都無法承受的情形，股票市場的風險控管的方法如下：

一、整體部位的控管

所謂部位就是投資人面對的風險程度。假定投資人投入200萬元購買股票，其部位就是正的200萬元，因這200萬元隨時有面臨跌價的可能。又假定投資人融券放空股票300萬元，其部位就是負的300萬，因為這300萬元的融券隨時可能因為股價上漲而造成損失。唯有將部位設定在可以忍受的範圍內才是明智之舉。

假定投資人有1000萬的資金準備投入股市，當景氣大好，股價表現強勢，投資人可以把持股部位控制在90%，10%以現金持有；當股價處於盤整盤，投資人可以把持股部位控制在50%，50%以現金持有；當景氣衰退，股票處在空頭市場，投資人可以把持股部位控制在10%，90%以現金持有。以上就是整體部位的控管，以降低風險。

二、投資標的控管

不要將所有的雞蛋放在同一個籃子，應**把購買標的分散到不同類型的股票**，以規避非系統性風險。例如投資人看好股票處在多頭市場，為避免投資過度集中，可以將60%的資金放在科技股，40%的資金放在傳產股；又例如某一投資人偏好高科技股，為了避免單一產業的風險，可以將30%的資金放在

LED產業，40%的資金放在IC產業，30%的資金放在TFT-LCD產業。

要注意的是，分散投資屬性確實可以降低風險，但是過度分散則可能造成獲利率降低，投資人如何做最有效的資產配置又兼顧風險，則需要長時間的經驗累積。

三、資金流動的控管

買入股票後第二個營業日為付款日，賣出股票後第二個營業日為收款日。雖然股票在所有金融工具中屬於流動性較高的投資工具，但仍要控制好資金的進出，應**定期補登存摺，查閱資金進出與買賣交易資料是否吻合**。每個月證券商都會寄出「月對帳單」供投資人查核，投資人要仔細核對，不要嫌麻煩。

四、信用交易的風險控管

投資人運用融資、融券方式買賣股票稱之為「信用交易」。以信用交易方式操作股票可擴張投資人的信用，達到財務槓桿原理——以小搏大的目的。但是擴大信用也擴大投資者的風險，若方向弄錯，可能遭到斷頭。因此，**對信用交易的額度與自有比率應設定一個限額**。

適時停損和停利，不怕沒柴燒

「買股票容易，賣股票難」，此話道破股票操作的技巧要點。買入股票後，就應在心中預設「獲利點」與「停損點」，當股價漲至獲利點時，即獲利了結；當股價跌到停損點時，即忍痛賣出。沒有一個投資專家每次投資皆能買在最低點，賣到最高點，故**投資的最高原則是大賺小賠，但總體而言仍是賺錢**。

顧名思義，「停損」就是停止損失，避免損失擴大，也就是我們常說的「棄車保帥」、「斷尾求生」。買入股票之後股價隨之下跌，此時一般人通常認為只是小幅拉回而已，自己的運氣應該不會那麼差，結果事與願違，股價一路下挫。面對這種情況，如果不停損賣出，可能遭遇的下場是長期套牢；如果坐視不管，則資金長期凍結。

「留得青山在，不怕沒柴燒」，此話可為停損賣出做最佳的注腳，**停損賣出最大的用意，是將來跌到低點有現金買更便宜的股票，而非就此退出市場。**大多數投資人在股票套牢之後，通常不願意賠錢賣出，對未來仍抱著一絲希望，結果越套越深，此時如果手中仍握有現金，可分批向下承接，攤平成本，一旦股票反轉向上，可早日解套，但是重點是有手上要有現金。誰都不知何處是最低點，投資人不妨運用停損策略讓你在股市中立於不敗之地。

一、停損賣出的依據

停損點的設立主要是依據技術分析的線圖分析。當股價跌破重要支撐時，停損賣出，所謂**「重要支撐」是指某個價位經數度測試，當股價跌至此價位時皆可守住，可是一旦跌破，將有一大段跌幅**。

也可把停損點設在波段的1/3、1/2和2/3處，依據「艾略特波動理論」，這三個點皆為重要關卡，股價一旦跌破將有一段跌幅。

二、停利賣出的時點

買進股票後，若很幸運地股價上漲了，到底要不要獲利了結？萬一股價下跌，不就該賺的沒賺到反而賠了一筆？但是，賣出後股價仍持續上漲，那不是少賺了一筆？

其實，股價每天漲漲跌跌，只要不賣出，其損失或獲利皆是帳面上的。「獲利」就是讓帳上利益實現。一般投資人在股價上漲時，都是愈看愈高，一直期待有更高的賣點，此時運用「獲利點」可以克服人性的貪婪。在股價波動的過程中，沒有一路飆升的狀況，再樂觀的行情，也有反轉下挫的一天，力道再強的多頭市場，也有獲利回吐的一天，**投資人買入股票時就應設定一個獲利點，股價到達獲利點時即應賣出持股，落袋為安**。

投資人在停利賣出股票後，如果股票繼續上漲，千萬不要怨恨自己賣太早，反而要珍惜自己已經落袋為安的獲利，況且讓接手你股票的人也賺到錢，也算是功德一件。投資人千萬不要再勇敢追價，把它買回來，企圖賣到最高點，這都是不明智的投資行為。台灣股票市場有上千檔的股票，不用太過執著於一檔股票，只要找到好標的，隨時都有賺錢的機會。

三、停利賣出的依據

獲利點的設立主要也是依據技術分析的線形，當股價到達壓力區，通常無力再上攻且會向下拉回，把獲利點設在壓力區附近，才能賣到波段的高點，也可把獲利點設在波段的1/3、1/2和2/3處，依據艾略特波動理論，這三個點皆為重要關卡，不易突破。

投資人在股市中慘遭套牢甚至賠本，除了學藝不精、運氣不好外，更重要的原因在於未能做好風險控管，「高報酬率隱藏著高風險」，投資人應在報酬與風險中取得一個平衡點，把風險控制在可以忍受的範圍內。

若想得知更多股票指數等相關資訊，可以至以下網站查找：

1. 鉅亨網　2. HiStock嗨投資理財社群　3. 公開資訊觀測站—台灣證券交易所　4. 張真卿老師的Youtube頻道：張老師財金協會

進可攻退可守的可轉換公司債

股票市場的金融商品除了股票外，還有公司債、可轉換公司債、認購認售權證、股價指數和各股期貨、選擇權等。對一般投資人而言，較容易入門的是股票和可轉換公司債。

什麼是可轉換公司債？

公司債發行一段期間後得轉換為普通股者，稱為可轉換公司債。其有以下特性：

- 結合債權與股權的債券。
- 當轉換公司債市價下跌時，投資人仍可領取固定收益及保有本金。

- 若股票市場表現不錯時，可轉換為普通股股票，獲取資本利得。
- 債權保障與一般公司債相同，償還本金及債息的順位高於普通股股權。
- 當發行公司之普通股股價上漲時，投資人可放棄領取固定收益的權利，將轉換公司債轉換為普通股股票，於股票市場上賣出，賺取資本利得。
- 轉換價格會隨著公司配股而向下調整，同樣達到參加除權的作用。
- 市場流通性較普通股差。

台灣證券交易所規定，台灣發行的可轉換公司債，每股面額100元，每張1000股，一張面額為10萬元。可轉換公司債一旦轉換成普通股後，就不得再轉回為公司債。可轉換公司債與普通股之變換比率稱為「轉換比率」，轉換公司債面額除以轉換比率稱為「轉換價格」，普通股每股市價乘以轉換比率為「轉換價值」。

例如，某公司發行票面利率1.5%之可轉換公司債，每張面額10萬元，其轉換價格為50元，即每張可轉換公司債可轉換兩張公司股票（100000÷50=

2000）。假如該公司的普通股每股市價為60元，則該可轉換公司債之轉換價值為12萬元（60×2000），此時具有轉換價值。假如該公司的普通股每股市價為80元，則該可轉換公司債之轉換價值為16萬元（80×2000），此時也具有轉換價值。假如該公司的普通股每股市價為40元，則該可轉換公司債之轉換價值為8萬元（40×2000），低於票面價值10萬元，此時就不會要求轉換。

由此可知，轉換比率越大，則轉換價格越小，轉換價值愈高。可轉換公司債持有人通常於普通股股價上漲時，會向發行公司要求轉換，但也有部分持有人仍願意繼續持有，每年領取固定的利息收益。相反的，當可轉換公司債持有人通常於普通股股價下跌時，會持有可轉換公司債直到到期日。

可轉換公司債最大的風險在於可轉換公司債到期時，公司是否還得出錢來，如果不倒閉最少也可領回本金每張10萬元，如果公司還不出錢來，只好進入債權協商。

轉換公司債的名稱通常在普通股股票名稱後有多出「一」或「二」或「三」……等的證券名稱，就是該發行公司所發行的轉換公司債，如：「華邦一」即指華邦電子國內第一次轉換公司債，「聯電三」即指聯華電子國內第三次轉換公司債。

可轉換公司債的投資策略

對於想進場買進轉換公司債的投資人而言，下列幾項原則要非常注意，否則很容易遇到標的股票漲但可轉債不會跟著漲，或者明明可轉債投資的下檔風險有限，最後，卻栽在發行公司違約的陷阱裡。

一、價外程度太深的可轉債不要介入

如果是看好發行公司普通股未來價格走勢，但又想要擁有下檔保護而投資可轉債時，**有一件事粗心不得，那就是：要看該可轉債的轉換價格與標的股票市價的關係**，當前者遠高於後者，即所謂的價外程度太深。例如某一可轉債的轉換價格目前為50元，假設標的股價格為20元，可轉債市價為102元，在此情

況下，可轉債市價並不容易隨著標的股價上漲，除非標的股有機會上看50元以上，可轉債開始進入價內狀態，其市價才有可能因轉換價值的逐步提升而開始上揚。

二、可轉債價格太低通常表示發行公司有違約可能

如果某一可轉債市價遠低於面額100元，通常透露出一個訊息：市場強烈質疑該可轉債發行公司的償債能力，對此投資人宜抱持謹慎的態度，畢竟這是相當投機的行為。例如，可轉債的市價每股只有40元，表示市場對於該公司的債信有很大的疑慮，連幾乎保本的可轉換公司債都不要。

三、留意轉換價格重設時點及幅度

標的價格如果有重設時，需要注意可轉換的股票數，才能進而獲利。例如，轉換價格剛好遇到重設時點，並往下重設到40元，由於轉換價格變成40元，代表每一張可轉債可以換得2.5張股票，只要標的股票有波段行情值得期

待，該可轉債將會很容易進入價內狀態，這使得原本深度價外的可轉債變得更有機會隨標的股價上漲。因此，在觀察可轉債的投資機會時，除了留意其價內外狀態，及賣回權之行使日期之外，更可以善加利用重設權的好處。

四、套利交易

可轉換公司債市場價格之下限即為公司債之市價，上限即為股票之市價，隨發行公司股價上升而上升。**可轉換公司**

華航股價受營收衰退而下跌，但華航的可轉債仍維持在100附近

長榮三（26033） 週線圖 2013/05/27

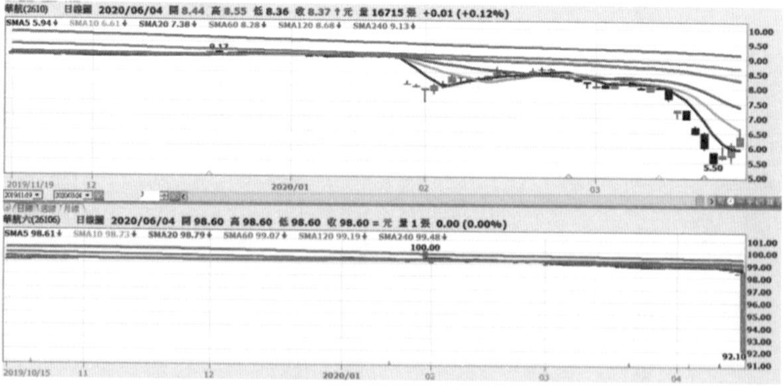

注：可轉債的價格會隨著該股票價格的走勢而波動，如果沒有倒帳風險，可轉債的價格都會維持在100元以上，是進可攻退可守的金融商品

債不但保本性較股票強，亦可與股票同樣享受漲價之差價利益，是投資人保本生息最好的投資對象。當可轉換公司債的轉換價格低於普通股市價時，投資人可以買進可轉換公司債，放空普通股，進行套利交易。

查詢可轉換公司債方法

現在資訊相當發達，投資人可藉由上網查尋可轉換公司債的相關資料和報價。查詢可轉換公司債條件網頁：http://intd.gretai.org.tw/server-java/CBtreatyQry?step=0，想要瞭解某一檔的公司債內容，只要輸入公司債編號，就可以得知發行條件。

最便利的外匯投資工具——外幣存款

什麼是外匯？

外匯代表的是一個別國家的幣值，它可以是現鈔，可以是匯票，可以是定存單，也可以是放在銀行活期或定期存款戶頭上的外幣存款。想必大多數人都知道，而且實際上使用過，如出國觀光旅遊的人、接洽商務的生意人或出國留學的學生等，都曾到「外匯指定銀行」兌換過外幣，做進出口貿易的人當然更少不了外匯的買賣。

它代表的是一種購買力，一種在他國購買商品或享受勞務服務的能力。**對我們而言，只要不是新台幣的其他貨幣，都是外匯**，所以美元是外匯，歐元是外匯，義大利里拉也是外匯，連中國的人民幣、蘇聯的盧布也算是外匯。**外匯的功能有四項，分別為：價值衡量的標準、價值儲存的工具、交易的媒介和兩國互通有無的工具**，這四項功能，也正是投資者投資外匯的主要誘因。

外匯投資工具，由最基礎的外幣存款到外匯選擇權，種類繁多。一般將外匯買賣市場，分為「現貨」、「遠期」兩大市場。現貨市場的投資工具有：外幣定存、外幣活存、外匯現貨保證金交易。遠期市場的投資工具有：遠期外匯、外匯期貨、外匯選擇權和外匯期貨選擇權。外匯借貸市場的投資工具有：國庫券、公債、公司債和可轉換公司債等。這類型投資工具，基本上是以賺取固定利息為主，風險性相對較低。

最親民易上手的外幣存款

外匯投資的工具相當多，對一般民眾而言，外幣存款是最容易親民也最容易瞭解的外匯理財工具，因為辦理外幣存款帳戶的手續相當簡便，只要準備身分證、印章，到外匯指定銀行填寫開戶申請書，選擇要開戶的是活期帳戶或定期帳戶，就完成開戶手續，跟台幣沒甚麼差別。

外幣活期存款，銀行會給客戶一本活期存摺，買賣外幣的資料都可登錄在存摺中，但有些外商銀行不提供存摺，每月用郵寄方式或e-mail給對帳單。外幣定期存款和台幣定期存款其實沒有什麼兩樣，都是客戶把一筆錢存入銀行，並和銀行事先約定幾個月之後領回，銀行同意以一定的利率支付利息給客戶，作為客戶把錢存在銀行的報酬。銀行會在客戶把錢存入銀行的同時，交一張憑證給客戶（對外幣存款而言，通常是一張定存單），以作為未來歸還本利時的憑證。所以，除了存款標的是外幣之外，其他原理和台幣存款幾乎一模一樣。

銀行對於外幣存戶開戶都有限制最少的門檻，通常最小金額都設在1000元美金。

接著就是決定買進的幣別。一般而言，**選擇會漲的貨幣，也就是強勢貨幣，或利率比台幣高的貨幣，是基本原則**。銀行提供的外幣幣別有十幾種之多，常見的有美元、日圓、英鎊、加幣、人民幣和澳幣等。決定買的外幣後，接著就是議價了。銀行會有牌告價，原則上牌告價是參考價，銀行會依據客戶買進的數量、在銀行的貢獻度加以減碼，當買進金額大或優質客戶，銀行通常會給比較優惠的價格。

外幣存款是所有外匯投資工具中，最便利的投資工具，只要是外匯指定銀行，以及其可以辦理外匯業務的銀行分行，統統都可以讓投資者開立外幣存款帳戶。**外幣存款的損益來自兩方面：一是存款利息收入，一是外幣對本國幣匯兌的差價**。利息收益必為正數，但是匯兌差價有正有負，所以應選擇有升值潛力與利率較高的外幣作為存款的標的。以美元存款來說，當美元升值時，美元存款可以換回更多的本國幣，即美元存款投資人有匯兌利得；反之，當美元貶值時，能換回的本國幣減少，即投資人受到匯兌虧損。

外幣存款注意事項

外幣存款沒有擴張信用，以自有資金買進外幣，是所有外匯投資工具中風險最小的，**比較適合保守穩健型的投資人**，對**初入職場的社會新鮮人**，也是一種很好的理財工具。國內所有的外匯指定銀行，不管是本國銀行或外商銀行，都可以提供外幣存款的服務，銀行所能從事外幣存款的幣別種類多達十餘種。操作外幣存款前，應多向不同的外匯銀行洽詢利率與匯率，貨比三家不吃虧！

外匯存款基本上與台幣存款相似，只是存款戶要多考量外幣匯率的走勢和利率的變化。二〇一三年二月台灣開放人民幣外幣存款，很多民眾著眼於人民幣的利率高於新台幣2％，再加上人民幣有升值的趨勢，紛紛搶進人民幣外幣存款，果然人民幣在往後兩個月大漲，投資人不僅賺了匯差也賺了利差。

二〇〇八年七月，澳幣的定期存款利率約在6.1％，高於新台幣定期存款利率2.4％，在定期存款方面，澳幣顯然比台幣有更高的利息收入，因此很多投資人將台幣存款改成澳幣存款，賺取較高的利息收入。但到了二〇一三年，由於原物料價格暴跌，澳洲經濟成長減緩，澳洲政府為了刺激只好降息，利差不斷縮小，澳幣匯率也開始下跌，之前存澳洲幣的投資人可謂損失慘重。

由於匯率經常有所變動，投資人必須時常注意貨幣的強弱勢情形，依匯率波動進行轉換。投資人可以投資低利息的貨幣如美元，賺取匯差收益，再搭配投資一部分高定存利率的貨幣如澳幣、紐西蘭幣等，來賺取利息收益。

千萬別將外幣操作當成股票一樣來短線買賣。假使想賺取貨幣買賣的價差，必須長線持有，至少半年、一年以上為佳。選擇利率方面也要特別小心，假使注意到該國利率可能調降，就要選擇固定利率的方式投資，避免可能的損失產生。

外幣存款最低開戶金額表

	活期存款	定期存款	
		未滿一個月	一個月以上
美金	100元	1,000元	1,000元
英鎊	100元	等值美金十萬元	1,000元
歐元	100元		1,000元
新加坡幣	200元		2,000元
澳幣	200元		2,000元
紐幣	200元		2,000元
加幣	200元		2,000元
瑞士法郎	200元		2,000元
港幣	1,000元		10,000元
瑞典幣	1,000元		10,000元
南非幣	1,000元		10,000元
日圓	15,000元		150,000元

第四章

投資大師的
基礎理財術

4

運用投資計畫七步驟，理財致富循序漸進

擬定小額投資計劃七步驟

剛出社會的新鮮人或理財菜鳥，一方面是手頭資金不充裕，另一方面不瞭解理財的邏輯，對理財投資活動一知半解，甚至完全陌生。其實，投資並不難，理財也不是遙不可及，只要事先做好規劃，依據計劃按部就班一步步去執行，你理財成功的機率就會大增。

投資計劃可依下列步驟來執行：

一、瞭解自己目前的財務狀況

二、設定財務目標

三、調整收入現況

四、調整支出現況

五、選擇投資工具

六、選擇買賣時點

七、檢討得失

以下將詳細說明。

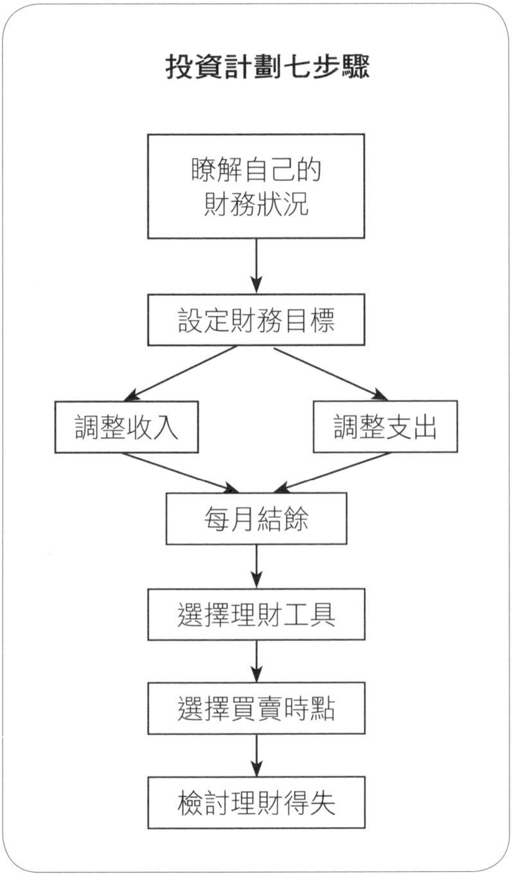

一、瞭解自己目前的財務狀況

擬定投資計劃之前，最重要的工作就是瞭解自己目前的財務狀況，畢竟每個人的狀況都不一樣，不能以一概全。

瞭解自己目前的財務狀況的第一步，是要進行財務狀況盤點，盤點的內容是個人「每月的損益表」和「資產負債表」，由上述的兩張表，就可以清楚知道自己的財務現況。

所謂每一個月的損益表，就是以每一個月為單位，看看你的收入是多少？支出是多少？是否有結餘？

如果你每月有結餘，恭喜你跨出理財成功的第一步，你可以運用你多餘的資金進行理財。如果你的收入都剛好花光光，那要想想辦法增加收入或減少開支，擠出一些錢來；如果你每個月都入不敷出，那問題可就嚴重了，此時要徹底分析你的支出，看看哪些可以不要花，更要想辦法增加收入來改變現況。

個人資產負債表是在衡量你目前的資產和負債狀況，如果資產大於負債，也就是淨資產是正數，表示你理財成功，恭喜你！但還有一件事等著你去做，就是要想辦法活化資產，變成你收入的來源。如果負債大於資產，也就是淨資產是負數，表示你財務壓力很大，那就要想辦法扭轉劣勢。

瞭解自己目前的財務狀況，就像醫生在治療前先進行體檢，看看問題出在哪裡，才能對症下藥，找出解決方法。

二、設定財務目標

在理財活動的過程中，最重要的事情是設定財務目標。唯有把自己的財務目標訂好，才能擬定出達到目標的計劃。經營企業是每年年初都要擬定當年的營運目標，再展開當年度的工作計劃，同樣的道理，你**要把個人理財活動當成是公司經營**，先設定財務目標，再談理財規劃。

理財如同在大海中航行，在「瞭解自我」的過程中，你已透過個人資產負債表得知自己理財資源的多寡，也就是已經清楚自己船上的配備，接著就是依據自己的財務資源決定財務目標了。

設定目標可分為兩步驟，第一步事先設定達成的願望，第二步再加以量化。所謂達成的願望是要做的事，例如存夠出國旅遊的費用、買車的頭期款、準備結婚基金、子女教育基金。所謂量化，就是需要準備多少錢，例如出國旅遊的費用大約是2萬元，買車的頭期款約10萬元，結婚基金約20萬，子女教育基金可分批準備，每年約準備5萬元。

當你在規劃財務目標時，要考量目前的財務狀況，不要規劃不可能達成的目標，例如工作第一年就要籌備購屋頭期款，一年要存50萬；或是沒有小孩，就開始準備小孩教育基金。也不可規劃太容易達成的目標，例如工作滿十年了，才在存國內旅遊的費用。因為太難達成，到時沒達到，會讓自己信心受到挫折，太簡單又會失去激勵的效果，因此，比自己能力多一點的財務目標，多費一份力氣達到，不但有成就感，而且有可達成性，就不失為一個好目標。

財務目標可分為短、中、長期三個階段。**短期目標是一年內的理財方針，中期目標設定在十年左右，長期目標則通常以二十年為基準**。在設定財務目標時別忘了將財務目標數字化，不然光是說自己的財務目標是「賺很多錢」未免太空洞了。

另外，**財務目標並非一成不變，必須隨著個人的財務狀況進行修正**。例如，一個剛出社會的新鮮人在衡量自己的財務狀況與日後的潛力之後，訂定了一年內以股票與共同基金理財賺取50萬元；十年後擁有一幢1000萬元的房屋；二十年後個人資產淨值達6000萬元的目標。

三、調整收入

理財成功的重點是增加收入，當你收入變多，你理財的籌碼自然比較充裕，當你收入減少，你理財的資金就變少，可選擇的理財工具相對就少很多。

如何調整你的收入呢？基本上可分為三個方向，首先**在職場上力求表現**，**透過升遷增加**自己每月的薪津，因為一般固定薪資比率較高的工作，職等的高低影響到薪資的多寡，例如副理的薪資比課長高，經理的薪資比副理高。

第二是轉換跑道，你可以透過人力銀行網站，或自己上網搜尋更好的工作機會，也可透過朋友關係，找到更適合自己或更好收入的工作。

第三種是兼職，如果在職場遇到了瓶頸無法突破，短時間內也無法轉換職場跑道，此時可以看看你的工作週邊有無機會可以增加你的收入，重點是運用你的優勢來達到增加收入的目的。例如在公司資訊中心工作的小陳，在下班後幫朋友維修組裝電腦，有空時也接一些軟體設計的工作，並在電腦教室當講師。

四、調整支出

個人支出最高原則，就是該花的要花，不該花的就要省，這聽起來很容易，做起來可就難了，但其實說穿了就是理性消費。如何做到呢？首先購物要有規劃，不是見到喜歡的就買，其次購物之前要先問自己三個問題——

第一，真的有需要嗎？

第二，使用頻率高嗎？

第三，價錢便宜嗎？

如果三個答案都是肯定的就可以買，如果三個答案中的一個是否定的，就再想想吧。

五、選擇理財工具

全方位理財已經是不可避免的趨勢，尤其是資產已累積到一定程度的個人，更需要計劃一個適合自己的投資理財策略。

假設你有500萬的現金，純粹做定存的話，就算年定存報酬率達2%，扣除通貨膨脹率1%後，一年實質的收益率也不過1%而已，而且這筆資產因為抗通貨膨脹的能力很弱，因此二十年後可能就不值50萬元的購買力了。定存雖然安全性高，但收益率很低，只靠定存收入不但跑錯跑道，而且會愈跑愈慢，資產價值也愈來愈薄。

因此，把自己的資產放在強勢且具有增值潛力的金融商品上，是現代人理財致富的不二法門。不過，在投資各項理財工具時，亦應事先充分瞭解各項產品的交易規則與知識，才能在投資戰場上成為常勝軍。

雖然投資理財的工具相當多，但是對於小額投資的上班族而言，由於資金有限，可以運用的理財工具相對比較少。通常我們會依據結餘（每月收入減去支出）和在職場的年資等因素來規劃，從最基礎的定存、基金、股票、外匯等金融商品，循序漸進地進行投資。小額投資人千萬不可好高騖遠，看到別人因為投資賺進大把鈔票羨慕不已，而去擴大信用進行投資，最後反而會落入負債累累的窘境。

人生的「第一桶金」是要很辛苦的累積，但當你有了第一桶金之後，財富的累積速度就會加快。投資除了要有基本知識外，不斷累積投資經驗值是相當重要的功課，這些都要付出時間和金錢去學習的。**只要堅信你能理財成功，你就能理財成功；堅信你能投資賺錢，你就能投資賺錢**。

六、選擇買賣時點

投資理財的標的選擇好後，就是等待買賣的時點。一般投資人都有「追高殺低」的不好習慣，看到投資標的物狂飆，深怕買不到，勇於搶進；看到標的物下跌，心生恐懼，賠錢殺出。漲的時候嫌自己買太少，跌的時候怨自己買太多，永遠在做後悔的事。

其實，選擇投資商品的買賣時點，是要下一些工夫的，不但要有基本的金融常識，同時也要貼近時事，多瞭解金融市場的脈動。

七、檢討得失

個人理財的最後一個步驟就是檢討得失。整個理財計劃結束後，投資人應該心平氣和仔細檢討整個計劃的細節與得失，以做為下次理財的參考，如此個人理財的策略與技巧才能更上一層樓。

理財活動的原則是不變的，但是理財會因為個人資金的多寡、外在總體經濟環境的變遷而有所改變，因此累積經驗值就成為理財成功過程中相當重要的一把鎖，無論是愉快或不愉快的經驗，都是下次理財的經驗值。但人是健忘的，甚至會一再犯錯，如何克服這種盲點呢？就是勤做筆記。**每一次理財結束後，就把自己的心得寫下來，作為日後進行理財活動的參考**，同時不定時翻翻自己寫的筆記，就會有新的想法產生，經年累積後，這本筆記就是你理財的日記簿，也是你個人理財致富的「葵花寶典」。

小資理財對號入座實戰篇

進入職場0-3年初級班

阿良是我學校的學生，去年剛離開學校踏入職場的社會新鮮人，目前在電子公司擔任初級工程師，已經工作一年了，他對未來充滿了期許，上一個月他來找我，述說一些進入職場的心得，從他的眼神可以知道他還在摸索職場生存之道，但是又有一顆想積極上進的心。

我跟他說，你的職場生命才剛剛起步，看到職場的前輩有些事業有成，你可以把它視為標竿；有些原地踏步，你可以把它視為警惕。職場所要的能力，很多是學校沒有教的，必須透過前輩的指導和自己誠懇的學習，才能融入產業生態和企業文化。

加強自己本質學能，虛心求教，比同儕花更多的時間來學習，讓長官或職場前輩看到你的誠意和表現，是職場求勝的不二法門。在廚藝界享有盛名的阿基師，國中畢業就到廣州的飯店當學徒，由於個子矮小，且不諳廣東話，總是被分派做一些雜務，同齡的學徒早跟著師傅學做包子、點心，而他卻始終只有洗碗、打掃的份，個性倔強的他，總是在夾縫中求生存。

為了「偷學」點心製作，阿基師在廚房一角佯裝做其他的工作，實際上，他的耳朵全開，眼角餘光不時瞄著廚師的一舉一動，把做菜的調味比例、要訣一一記到腦袋裡，空檔時分，再依樣畫葫蘆不斷地嘗試，直到成功為止。

如此強烈的學習動機，讓他比別人都勤奮。早期的廚房龍蛇雜處，老一輩的師傅也不見得有系統地傳承廚藝給徒弟。那時，下午休息的空檔，當同儕和廚師都跑去休息、學抽菸和鬼混時，阿基師已經充分利用那段黃金時間，主動向廚師爭取切肉、切菜等習藝的機會。

因此，我跟阿良強調，加強自己本質學能是踏入職場新鮮人的工作重點，此外辛辛苦苦賺到的收入也要加以珍惜，千萬不要大肆揮霍花光光。進入職場零至三年的職場新鮮人可依據前面介紹的步驟，一步步來規劃自己的理財計劃。

一、瞭解自己目前的財務狀況

「個人理財很重要喔。」我說。

「每個月的收入和支出幾乎是打平，哪有閒錢投資理財？」阿良回答。

「理財第一步，是先做財務狀況體檢，看看自己的財務現況。」我補充

經過一段時間的整理，終於把阿良的個人「損益表」和「資產負債表」整理出來，如左頁圖表。由損益表得知，阿良如果沒有其他額外支出，每月可存5500元，算是不錯的表現。至於資產負債表，目前的淨資產14萬，算是表現平平。

二、設定財務目標

「這樣你瞭解你目前的財務狀況嗎？」我問阿良，「接著就是，設定你的財務目標。」

阿良個人損益表

收入		支出	
薪資	$25,000	房租房貸	$10,000
獎金	4,000	飲食	8000
		保險	500
		服飾	500
		交通	1,500
		水電、電話	1,500
		醫療	500
		其他	1,500
收入－支出＝餘額 $29,000-24,000＝5,000			

阿良個人資產負債表

資產		負債	
存款	$150,000	房屋貸款	$ 0
現金	10,000	汽車貸款	0
房地產	0	信用卡貸款	0
汽車	0	其他借款	20,000
		會款（已標）	0
資產－負債＝淨值 $160,000－20,000＝140,000			

「財務目標是什麼？」阿良問。

「就是今年你想做哪些事，要準備多少錢。」我說。

「我想買一台機車、一台好的音響，送給我女朋友一個名牌包，每年可以兩趟國內旅遊，還想去補習英文。」阿良說。

「一台機車約4萬元，一台好的音響1萬元，送給女朋友的名牌包2萬元，每年兩趟國內旅遊1萬元，補習英文一年3萬元，所以共要11萬元。」我說，「如果以你每月的結餘，可能無法達到你的目標，甚至會動到你的淨資產。」

「那該怎麼辦呢？」阿良問。

「就要調整你的收入和支出。」我回答。

三、調整收入現況

阿良月薪2.5萬，年中和年底的獎金分攤到每月約4000，平均每月薪資為2.9萬。這個收入對剛工作一年的年輕人算是平均水準，短期內因為還在學習中，不可能有升遷機會，也就是薪資不可能快速增加，因此尋找第二收入來源是一個比較有效益的方式。

「在不影響正職的情形下，你可以找一份兼職的工作。」我說。

「我對電腦有興趣，無論是硬體維修或軟體開發都行。」阿良有自信地說。

「那晚上可以到電腦店去兼職啊，或是寫一些APP程式。」

「這樣每月可多出5000元收入，我的收入就可突破3萬元了」阿良高興地說。

四、調整支出現況

「調整好收入後，接著就看看支出有沒有可以節省的。」我跟阿良說。

「我覺得我很節省，沒有亂花錢。」阿良說。

「我想每月的開銷2.4萬元，確實很節儉。」我同意。

「如果到公司附近租屋，可以省掉一些交通費吧？」我問阿良。

「對喔，我們公司有宿舍，月租5000元，如果住進去，房租、交通都可省一些。」他開心地說。

假若交通費變500元，阿良的支出變成：1.8萬，結餘則是：1.1萬。

五、選擇投資工具

阿良去年剛離開學校踏入職場的社會新鮮人，原本每月結餘5000元，經過收入和支出的調整，每月可結餘約1萬元，由於金額不多，我建議他先將投資標的放在風險性比較低的指數股票型基金（ETF），為預防意外發生或重大疾病的醫藥費拖垮生計，健康險和意外險也要加入考量。

ETF與股票相似的地方則在於買賣方式相同，都是在交易所掛牌上市，投資人只要利用股票帳戶就可以買賣ETF，流通性及便利性都和股票一樣，只是投資人買到的不是某家公司的股票，而是一張ETF的受益憑證，其交易稅也比股票低。由於ETF的投資組合與指數內容一致，因此，投資一檔ETF等於投資一籃子股票，不僅可以達到分散風險的效果，還可免除選股的煩惱，避免看對大盤趨勢卻錯擁個股的狀況。

對於初次接觸金融商品的投資人而言，「決定大盤漲跌」遠比「決定個股漲跌」來得重要，「操作大盤的績效」遠比「操作的個股績效」穩定。ETF投資指數的特色，讓初學者在傳統的銀行存款、債券、基金與股票等理財工具之外，多了另一種穩定性高、進入門檻低、交易成本小、市場接受度高，又毋須太多專業知識的金融理財商品。

ETF的投資策略除了買進持有外，也提供融資、放空的功能，投資人在看好大盤走勢時，可以在價格低檔，利用融資方式加碼買進，以增加獲利；看壞大盤走勢時，則可以在價格高檔時，利用融券方式先行賣出，等到價格低檔時再回補，以賺取下跌部位的獲利。對於短線投資人而言，操作方式相當靈活。

目前市場上的ETF有十檔之多，對**初學者我建議可先進場買進寶來台灣卓越50基金或台灣高股息指數基金。**

1.寶來台灣卓越50基金

- 選取市值排名前50大的台灣龍頭企業。
- 流動性篩選以過去十二個月中，至少十個月的每月週轉率超過1%。
- 能反應台灣市場績效表現的可交易指數。
- 較少的指數成分股以適合衍生性商品的交易

2. 台灣高股息指數基金

- 國內第一檔以「預測現金股利」為選股邏輯的ETF，充分表彰企業未來穩定獲利能力。穩定的高股息殖利率可提供投資人進可攻、退可守的最佳投資工具。
- 以台灣50指數及台灣中型100指數，共150支成分股作為採樣母體，選取未來一年預測現金股利殖利率最高的30支股票作為成分股，並採現金股利殖利率加權*。
- 精選30檔成分股，持股每半年定期調整，並依據公司重大活動訊息即時調整成分組合，隨時掌握最佳投資組合。

● 前十大成分股主要為鋼鐵類股、航運、電信等傳產類股。產業分布於傳統產業約占62.32％、電子產業占21.87％、金融產業占5.44％。

在保險方面，年紀輕最怕突發意外打亂了人生規劃，因此保障意外發生時有緊急支應費用的**意外險**，或重大疾病發生時有辦法支付龐大醫藥費的**醫療險**，都是必要的理財商品。年輕人可以設定500萬的保障，或和壽險從業人員討論，請他提出建議方案，當然，多問幾家壽險公司比較，是必要的功課。至於，何時購買醫療險和意外險呢？我覺得上班**領到第一份薪水就要去投保了**。

六、選擇買賣時點

風險性比較低的ETF是非常適合一般初踏入股市的投資人，但在操作策略上可採用「定時定額」或「定價定額」的方式，來制訂買賣時點。

定時定額投資法，就是每隔一段時間買件相同標的物的投資策略，它的優

＊殖利率加權：當該股票殖利率越高，買的股數較多；當該股票殖利率越低，買的股數較少。

點是可以降低投資的成本，避免因單筆投資套牢在高點，基金公司常常鼓勵投資人定期定額買進基金就是這個道理。例如每月扣款5000元買進相同標的，只要持之以恆，長期下來肯定能夠賺錢。這個方式是對的，但是**有兩個先決條件——投資標的物和時間**。定時定額投資法，投資標的相當重要，基本上以景氣循環股、產業龍頭股或ETF為主，因為這些標的不會倒。其次投資人要有長期投資的準備，遇到行情下跌反而要有信心往下加碼，千萬不可停損出場。一般投資人在決定採用定時定額投資法時，都是信心滿滿，但是當股價下跌後就失去信心，停止扣款，最後還是以賠錢收場，所以耐心和時間是定時定額投資法的不二法門。

所謂**定價定額投資法，是一定價位區間往下買進**，例如目前股價是50元，投資人擬定的買進價位是50元買一張，然後往下每隔2元買一張，直到40元，也就是48元買一張、46元買一張、44元買一張、42元買一張、40元買一張。這樣的方式可藉由平均成本的方式壓低買進成本，將來股價往上時，報酬率就回提高。當然，這種方式的重點在於投資標的的選擇，如果買到跌跌不休的股票，再多的錢也是有去無回，因此定價定額投資法的**標的以大型權值股為主，**千萬不可以投機的小型股為標的。

七、檢討得失

剛出社會的上班族，由於累積的資金不夠多，因此要把重點放在每一個月的收入和支出項目是否有不正常的現象，如果有就要加以檢討，是否有花不該花的錢，或是收入沒預期的好。每隔一段時間，就要把自己的資產拿出來算一下，目前資產減去負債的金額是多少，也要看看理財商品的績效，看看目前的表現是否符合預期，也要關心一下目前的保險契約和保額是否足夠應付突發狀況。這些工作都可以每個月月底檢討，必要時加以修正。

進入職場3-6年中階班

小資理財對號入座實戰篇

志松是我的表弟，他在保險公司擔任業務經理，他進入職場已經有四年了，個性積極外向，每天工作超過十五個小時，向客戶推銷保險，他的努力是有目共睹的，收入時好時壞，運氣好月入數10萬，運氣不好只有1、2萬，收入差異很大，最近他和女朋友論及婚嫁，覺得將來經濟壓力會變重，但短期內無法改變工作型態，真是苦惱。

「保險工作收入不穩定，收入時好時壞，業績壓力又大，真不想做了。」

他皺著眉頭跟我說。

「但是不做的話，要做什麼？至少我熟悉這個職場，也花了四年的時間。」他又說，「最近想結婚，要準備一筆結婚基金，也想買房子，但是想到頭期款和每月負擔的利息，就覺得壓力很大。」他喝了口茶，嘆一口氣。

「不要急，一切都有辦法解決的，你的收入雖然不穩定，但是還算可以。」我說，「只要好好規劃，按部就班來執行，就可以達成你的目標。」我補充。

「上班後每個人都會有收入，然而，錢雖然賺得多，若沒有透過理財的有效控制，終究會由於過度的花費而付諸流水，所以你現在就必須做好理財的心理準備，特別是準備結婚的人，接下來的開銷會很大的。」我再進一步說明。

工作三到六年的上班族，有些人開始在工作上嶄露頭角，升遷當個小小主管，有些人因表現不佳或運氣不好仍然原地踏步，此時薪資的差異會因為行業別和升遷漸漸拉開。由於受限於年齡和資歷，大都不會有太高的收入，而適當的理財規劃及透過開源節流的方式，正可替自己謀求薪資以外的收入，此時建立正確的理財觀就顯得相當重要了。

首先，你要懂得節制花費，透過記帳與編製預算表掌握消費情形；在開源方面，要知道利用投資工具進行投資，也要運用保險來防範意外事故發生時造成的財務危機。

我跟志松強調，工作三到六年的上班族要珍惜自己的工作，提升自己的本質學能，讓你在職場上成為長官看中的員工，薪資自然就有機會增加。此外辛辛苦苦賺到的收入也要加以珍惜，千萬不要大肆揮霍，把賺到的錢都花光光。進入職場三到六年的職場上班族，接下來也要依據前述七步驟，一步步來規劃自己的理財計劃。

一、瞭解自己目前的財務狀況

「個人理財很重要，要先瞭解自己的收支和淨資產。」我說。

「每月的收入不穩定，有時候很多，有時候很少，底薪低，獎金高，很難計算。」志松回答。

「理財第一步，是先做財務狀況體檢，看看自己的財務現況，還是可以估算出一個平均值。」我補充。

經過一段時間的整理，志松終於把個人損益表和資產負債表整理出來了，

志松個人損益表

收入		支出	
薪資	$10,000	房租房貸	$10,000
獎金	60,000	飲食	8000
		保險	10,000
		服飾	10,000
		交通	2,500
		水電、電話	5,500
		醫療	500
		其他	12,500
收入－支出＝餘額 $70,000-59,000＝11,000			

志松個人資產負債表

資產		負債	
存款	$900,000	房屋貸款	$200,000
現金	250,000	汽車貸款	0
房地產	0	信用卡貸款	0
汽車	400,000	其他借款	30,000
		會款（已標）	0
資產－負債＝淨值 $1,550,000－230,000＝1,320,000			

如前頁表格。由損益表得知，志松如果沒有其他額外支出，每月可存1.1萬元，算是不錯的表現；資產負債表可看到，目前的淨資產132萬，以工作四年的上班族應在平均值以上。

二、設定財務目標

「看來你目前的財務狀況還算不錯。」我對志松說，「接著就是設定你的財務目標。」

「財務目標是什麼？」志松問。

「就是今年你想做哪些事？要準備多少錢？」我說。

「我目前是騎摩托車，但我年初已買一台40萬的汽車代步。」志松說，「我今年想和女朋友到日本玩，約要花10萬元。」他又說，「我和我女朋友已經論及婚嫁，我想籌措50萬的結婚基金；我也想買房子，想存一些自備款。」

三、調整收入現況

志松是壽險公司的從業人員，他的薪水結構是「低底薪，高獎金」制度，平常幾乎沒有底薪，全靠推銷保險的佣金和獎金，因此收入不定。還好志松練就一身推銷的好本事，過去幾年來年薪好的時候約120萬，不好時也有70萬，平均約90萬左右。雖說工作時間自由，但是業績壓力很大，為了配合客戶時間，有時會工作到很晚，作息不是很正常。

以志松的情形，增加收入的方法，其一是加強經營客戶，努力衝刺業績，也可以打組織戰，招募新人到自己的組織系統，成立營業處。另一種方法就是運用現有的客戶和資源，推銷其他產品，例如加入直銷體系，運用已有的客戶群推銷產品。

四、調整支出現況

志松平均每月支出約5.9萬，對一個單身貴族而言是多了些，但因為工作關係，常常需要和客戶吃飯，所以開銷比較重，另外電話費也高於一般水準，這都算是工作上的必要支出。志松有時業績大好，當月獎金領得多就會花得多，有時候一個月下來會超過10萬元；志松又喜歡旅遊，因此旅遊支出通常高於一般人。

由於志松的工作性質，和客戶吃飯是必要支出，但可依據客戶屬性，選擇比較便宜但合適的場所，不一定每次都要約在餐館吃飯，有時也可約在咖啡店、茶飲店，甚至便利商店的用餐區，也是不錯的方式。另外多收集一些折價券，注意促銷活動，例如買一送一或第二杯半價的訊息，也可節省不少費用。業務人員為了聯絡業務電話費通常很高，還好現在智慧型手機很普遍，許多免費通話軟體，如LINE、WhatsApp、微信系統、skype等都可以運用，如果不是很急的事情，也可透過e-mail來聯繫，如此一來就可節省大量的通訊開銷。

業務是很辛苦的工作，工作超時不說，業績壓力有時也是令人喘不過氣，一旦業績達成後，通常都希望犒賞自己放鬆一下，所以休閒娛樂或國內外旅遊的支出會比較多，其實這些活動有些是不用花錢的，多注意一些市政府或公益團體的資訊，很多藝文活動都是免費，也不一定要出國旅遊，台灣的風景就很漂亮，爬山、露營不但省錢也達到同樣的效果。

五、選擇投資工具

工作三至六年的上班族在投資上可以比較多樣化，除了資金比較充裕外，風險的承受度也比初入社會的新鮮人高。工作一段時間，在職場的穩定度比較高，也可能升遷當基層主管，除了基本薪水外，也有一些獎金和津貼。

工作三至六年的上班族，我建議的投資標的分別是：**股票型基金**、**股票和壽險保單**為主。股票型基金、股票的投資風險比較大，但是如果投資正確報酬也相對較高。若剛接觸投資，建議大部分的資金放在股票型基金，畢竟基金經理人的經驗比我們好，少部分的錢放在股票試水溫，累積經驗值。另外，準備結婚的上班族，壽險保單可以保障投保人萬一身亡時，給予配偶或子女的保障，這是一定要準備的。

六、選擇買賣時點

景氣循環係指總體經濟活動隨時間的變化而上下起伏波動的榮枯現象，一般可分復甦、繁榮、衰退和蕭條四階段。當景氣開始轉壞時應轉向收益型投資，盡量不要去承擔景氣反轉下跌的投資風險，而當景氣漸行復甦時，則應逐步加重股票型基金的投資比例，掌握股市上揚的獲利。

股票型基金的操盤人普遍運用的投資策略有兩種，一種是由上而下，簡稱Top-Down，其所強調的是以宏觀的方式，先找出影響股市脈動的主要因素，進而分析對各市場及產業的影響，選擇具潛力的市場及產業後，再逐一細部研究最佳的投資標的。此策略首要需掌握市場趨勢，故是先市場而行，市場的領導者。

另一種是由下而上，簡稱Bottom-Up，重視各別公司股票的挑選，對於國別及行業別反而較不重視，致勝的關鍵，在於尋找質優價廉的公司，基金經理人會透過研究分析報告和實地的觀察親訪隨時尋找投資的契機。

投資人應抱持**長期投資及信任專家操作的心態來投資共同基金**。雖說投資人不應以短線密集操作投資共同基金，唯若獲利已達自行設定的報酬率，則不妨先行獲利賣出，並再依市場及景氣狀況選擇適宜的低點投資。

股票方面，當股市投資人面臨空頭市場時，為避免虧損擴大，常會設定停損點出場。個人投資股市時，常因經濟因素，選擇的投資標的較少，風險集中，且單一個股有股價持續下跌的危險，故需設定停損點以減少虧損。當面臨空頭市場，專業的基金經理人同樣有其應對的操作策略，調整持股，排除股價不斷下跌的投資標的，故基金的波動風險相對較小，投資人不要輕易贖回出場。

七、檢討得失

工作三至六年的上班族資金並不是非常多，但是可以嘗試有風險性的投資工具來累積一些經驗值，但又不用非常專注在投資領域，畢竟職場穩定度仍然不足，還需要把大部分的精神放在自己的工作上。除了每月定期檢討收入和支出是否有進步的空間，重點應放在資產的增值和有效的運用，共同基金不失為一個有效率的投資工具。

投資人買了基金以後，每季都會收到基金的報告書，投資人要檢討基金的績效，是不是達到預期的標準，是不是比同類型的基金表現好或表現差。基金的績效是投資人所關心的，**基金的歷史績效是選擇基金投資的重要參考依據。**評估基金績效的基礎，為每單位淨資產價值的變化，而基金單位淨值會隨著投資標的起伏而有漲有跌。

小資理財對號入座實戰篇

進入職場6-9年高階班

文達是我在社區大學理財班的學生，他在一家知名的連鎖餐廳當店長，進入職場已經八年了，從基層員工一路辛苦地當上店長，每天工作超過十五個小時，他的努力有目共睹，老闆也非常欣賞他，但是他心裡一直有創業的念頭，希望有一家真正屬於自己的店，而不是當一個「打工仔」，他也常常和我談到他的理想，但是他又怕創業失敗，真是非常矛盾。

「去年結婚，今年生了一個兒子，開銷也變多。」他皺著眉頭，「去年買了一間房子，勉強付了頭期款，現在每月要付房貸，真的壓力大。」

「的確，有家庭之後，經濟壓力就變大了，想法和單身時也不同了。」我說，「還好你太太也在上班，可分攤一些家計，否則壓力更大了。」我安慰他。

「其實，我很想創業，我相信以我過去所學和經驗，一定可以開一家我心中理想的餐廳。」他看著遠方的天空說，「但是我也怕，萬一創業失敗，我可就一窮二白了。」他低下了頭。

上班族最大的夢魘即是「中年失業」，為了避免這種困境發生在自己身上，除了事先培養第二專長，亦應積極建立人際關係。上班族一旦工作八年到十年，工作的穩定性也應該增加了，薪水、職位也漸入佳境，然而，萬一公司因經營不善而倒閉，此時面臨失業的你必定徬徨無助。若能事先與同業建立良好關係，則換跑道並非難事，另外，利用時間多學些專長，也可備不時之需。

在職場上歷練六至九年的上班族，都有創業的念頭，或許是一個理想，或許是經濟的壓力，這種念頭每個人都有，只是有人真的去嘗試，有的人想想而已。

一九七六年，三十二歲的施振榮因原先任職的榮泰電子倒閉，被迫創業，他憑藉著一股不服輸的意志，開創了後面三十年台灣最大的本土ＩＴ產業集團。或許是天時地利人和，因緣俱足，施振榮不只自己創業成功，連跟隨他多年的李焜耀（明基）、王振堂（宏碁）、施崇棠（華碩）都雨露均霑，成為成功的創業家。

我跟文達強調，創業是理想，但也要兼顧現實，**最好的的創業是「體制內的創業」**，也就是在公司內部的部門創業，或公司要成立子公司，自己去爭取擔當合夥人，不但可達到創業的理想，也可善用公司的資源。此外，也要想想自己的收入、支出和資產是否會因為工作改變而有變化。

一、瞭解自己目前的財務狀況

「首先，要算出你每月的收入和支出。」我說。

「收入約11萬，支出6.5萬，大約可結餘4.5萬。」文達說。

「資產負債表呢？」我又問。

「資產1620萬，負債1020萬，淨值620萬。」文達說。

「現金加存款有多少？」我問。

文達個人損益表

收入		支出	
個人薪資	$60,000	房屋貸款利息	$12,000
太太薪資	40,000	汽車貸款利息	18,000
獎金	10,000	保險	2,000
		服飾	2,000
		交通	5,000
		水電、電話	6,000
		醫療	5,000
		其他	15,000
收入－支出＝餘額 $110,000-65,000＝45,000			

文達個人資產負債表

資產		負債	
存款	$1,200,000	房屋貸款	$10,000,000
現金	200,000	汽車貸款	0
房地產	15,000,000	信用卡貸款	0
		其他借款	200,000
		會款（已標）	0
資產－負債＝淨值 $16,400,000－10,200,000＝6,200,000			

「70萬。」文達回答。

「你每個月開銷6.5萬，現金加存款有70萬，如果創業初期沒有收入，可以撐十個月。」我計算著，「你覺得你可以承受這個壓力嗎？」

由於成家後的財務情形不如單身時期單純，因而首重家庭財務收支的詳盡記錄與歸類。大部分的現代家庭由於女性也投入就業市場，因而經濟來源較為穩固，仍需注意家庭的兼顧，務求在不危及家庭經營的原則下，夫妻雙方共同努力創造美好的未來。

二、設定財務目標

「這樣你瞭解你目前的財務狀況了嗎？」我問文達，「接著就是，設定你的財務目標。」

「財務目標是什麼？」文達問。

「除了創業的想法外，就是今年你想做哪些事？要準備多少錢？」我說。

「目前小孩才十個月，但是我想每月幫他存教育基金。」文達愉快地說，

「我還在想，擠出錢來付頭期款買第二棟房子，因為小孩會長大。為了每個月第一棟的房貸，我們夫妻的生活品質都降低了，過去每週上兩次館子的習慣都省下來了。」文達說。

三、調整收入現況

文達月薪6萬，太太薪資4萬，年中和年底的獎金分攤到每月約1萬，家庭平均每月薪資為11萬，這個收入對工作八年的雙薪家庭是算不錯的。

文達的太太在會計事務所上班，薪資固定，年節獎金變化不大，她想要兼差幫朋友記帳，但是考量小孩只有十個月大，需要人照顧而作罷，如果要增加家庭收入，只能落在文達身上了。文達從事餐飲業，但工作時間長達十到十五小時，要找第二份兼差的工作時間上不允許。

「如果要增加收入，只有兩種方式。」我說，「第一種是在職場上力求表現，你目前是店長，努力經營這家店，提升經營績效，獎金自然比較多；另一種是爭取升遷機會，如果能升到區督導，負責一個區域的分店，無論視野或薪水也會比較好。」

「對，這是一種方法。」文達點點頭。

「另一個方式是創業，把你過去在職場的所學、經驗和人脈等全部用上，試試自己的實力，如果成功，財富是倍增。」我說。

「我也是這樣想，想自己當老闆。」文達目光炯炯。

「但是如果失敗，壓力就會很大。」我提醒他。

「這就是我猶豫不決的地方了。」文達淡淡地說。

「體制內創業也是好方法，」我提議，「你可以要求公司讓你經營加盟體系，一來有公司既有資源可以用，也可以圓自行創業的夢想，如果一家成功，可以做第二家、第三家，這不是很好嗎？」我說，「而且如果經營成功，收入也會增加。原本每月6萬元的收入，有可能增加到10萬以上。」

「這真是好方法，我明天就向公司爭取。」文達有信心地表示。

「但是，我覺得這麼重大的事情要找你太太商量一下，畢竟家庭的經濟是雙方共同負責的。」我說。

在職場工作六至九年，通常會遇到瓶頸，無論是工作的內容、職場的願景，甚至收入，都會覺得無法突破。有些人會安於現狀，有些人會想辦法突破，至於哪一種才是對的，當下是沒辦法知道，只有事後才能論斷。但是不管決定如何做，原則是確保自己的收入不會降低，但是有時候可暫時犧牲目前的收入，來換取職場的願景。以文達的例子，體制內創業是一種進可攻退可守的方法，值得大家參考。

四、調整支出現況

文達的家庭成員，夫妻加上十個月的小孩共三人，每月開銷約6.5萬。由每個月的支出表，仔細看看是否能找到可以節省的支出，例如減少上館子吃飯的次數，每天少抽幾根菸，這些都是可以考量的。

結婚以後，理財的態度或方式即必須有所改變，特別是在節流方面，更應有適當的節制，避免衝動性的購買。在家庭形成初期，夫妻即應明確釐清雙方在財務上的管理與支配，共同規範收入與支出的方式。

五、選擇投資工具

目前成員單純的小康家庭愈來愈多，已經成為主要家庭型態。小康家庭固然因成員單純故平日生活開銷較小，但一談到買房子、養小孩，以及退休後的生活基金，若沒有祖產或父母的經濟支援，光靠一、兩份薪水其實是相當拮据的。

小家庭因為閒置資金有限，在財務配置上應該**首重釐清首要目標，再搭配報酬率較高的投資工具**一起進行，例如投資配置的比率可以股票40％，股票基金30％，期貨操作20％，保險10％。

或許有人會說：「錢都不夠用了，要怎麼投資？」其實只要有決心，一定可以挪出小錢聚沙成塔的。現在定期定額投資共同基金已經愈來愈普遍，每月只要省下3千元，就可以開始你的家庭投資計劃，而這項兼顧儲蓄與投資的工具，複利效果可是相當驚人的。

六、選擇買賣時點

股市行情普遍上漲的多頭市場，通常持續時間為二至四年，然後進入不景氣、行情普遍下滑的空頭市場，再進入另一個新的多頭市場，如此周而復始，不斷地循環。

在多頭市場的初升階段，帶頭上漲、屢創新高價紀錄的必然是那些成長股，而基礎產業如鋼鐵、化工、造紙、橡膠、機械等產業的股票上漲速度則較為遲緩。

投資最難的兩件事，一是投資標的物的選擇，第二是買賣時點的掌握，即使找到好標的，如果買賣點掌握不好，有時候也會賠錢。一般而言，會用**技術分析來找買點和賣點**，當技術分析的買進訊號出現，就進場買進標的，當技術分析的賣出訊號出現，就賣出持股。

另外投資人也可**觀察公司新聞**、**景氣循環**、**淡旺季等現象**來決定買賣時點。當公司發表好消息，股價大漲，投資人要勇於追價；當公司發表壞消息，股價大跌，投資人要勇於賣出；公司發表好消息，股價反而大跌，表示利多出盡，投資人要勇於賣股；當公司發表壞消息，股價反而大漲，那就是利空出盡，投資人要勇於進場。

如果是景氣循環股，當景氣蕭條期，要逢低買進股票，當景氣繁榮期，要逢高賣出股票。如果是淡旺季明顯的股票，當淡季時要逢低買進，旺季來臨前要加碼買進，當旺季啟動，股價會上漲，等業績達到高峰，要逢高賣股。

七、檢討得失

工作六至九年的上班族，資金累積到一定程度，投資工具的選擇也開始多樣化了，除了每月定期檢討收入和支出是否有進步的空間，重點是放在資產的增值和有效的運用，其中房地產和股票是重點，此時房地產以自住為目的，而股票以投資為主。

小資理財對號入座實戰篇

依個性和月收入選擇投資工具

經過以上例子分析後，我想大家應該都已經很熟悉投資計劃七步驟了，對吧？

除了前述的依進入職場年資來做分類外，我另外依個性、月收入分類，列了適合的投資工具，大家可以選擇適合自己的來做計劃。

最後，我再重複一次：

只能堅信你能理財成功，你就能理財成功！

依個性選擇投資工具

個性	建議投資工具
保守型	銀行零存整付、銀行定存、債券型基金、人壽險
穩健型	平衡型基金、股票型基金、外幣存款、 自住不動產、理財型保單
積極型	股票投資、期貨、選擇權、不動產投資賣賣

依月收入選擇投資工具

月收入	每月結餘	建議投資工具
2萬	2000元 （10%）	銀行零存整付 債券型基金
	3000元	銀行定存 平衡型基金 意外險 自住不動產—套房
3萬	3000元 （10%）*	銀行零存整付 銀行定存 平衡型基金 人壽險
	5000元	股票型基金 自住不動產—公寓
4萬	4000元 （10%）	外幣存款 平衡型基金、股票型基金 理財型保單
	8000元	股票投資 期貨、選擇權 不動產投資賣賣

*此處與月收入2萬的結餘3000意義上不一樣，一個是最少3000(10%)，一個是最多3000，所以投資工具不相同。

國家圖書館出版品預行編目資料

翻轉你的小資人生：學會四大理財術，死薪水也能輕鬆實現財富自由／張眞卿著 .-- 初版 .-- 臺北市：春光出版：家庭傳媒城邦分公司發行, 民102.08
面；　公分
ISBN 978-986-5922-27-6（平裝）
1. 理財　2.投資
563　　102013734

翻轉你的小資人生：學會四大理財術，死薪水也能輕鬆實現財富自由

作　　者／張眞卿
企劃選書人／林潔欣
責任編輯／李曉芳、劉瑄

版權行政暨數位業務專員／陳玉鈴
資深版權專員／許儀盈
行銷企劃／陳姿億
行銷業務經理／李振東
副總編輯／王雪莉
發 行 人／何飛鵬
法律顧問／元禾法律事務所　王子文律師
出　　版／春光出版
台北市 115 南港區昆陽街 16 號 4 樓
電話：(02) 2500-7008　傳眞：(02) 2502-7676
部落格：http://stareast.pixnet.net/blog　E-mail：stareast_service@cite.com.tw
發　　行／英屬蓋曼群島商家庭傳媒股份有限公司城邦分公司
台北市 115 南港區昆陽街 16 號 8 樓
書虫客服服務專線：(02) 2500-7718 / (02) 2500-7719
24小時傳眞服務：(02) 2500-1990 / (02) 2500-1991
服務時間：週一至週五上午9:30～12:00，下午13:30～17:00
郵撥帳號：19863813　戶名：書虫股份有限公司
讀者服務信箱E-mail: service@readingclub.com.tw
歡迎光臨城邦讀書花園　網址：www.cite.com.tw
香港發行所／城邦（香港）出版集團有限公司
香港灣仔駱克道 193 號東超商業中心 1 樓
電話：(852) 2508-6231　傳眞：(852) 2578-9337
E-mail : hkcite@biznetvigator.com
馬新發行所／城邦（馬新）出版集團　Cite(M)Sdn. Bhd
41, Jalan Radin Anum, Bandar Baru Sri Petaling,
57000 Kuala Lumpur, Malaysia.
Tel: (603) 90578822　Fax:(603) 90576622　E-mail:cite@cite.com.my

封面設計／萬勝安
內頁排版／極翔企業有限公司
印　　刷／高典印刷有限公司

■ 2013 年 (民 102) 8 月 6 日初版　　Printed in Taiwan
■ 2024 年 (民 113) 9 月 3 日二版 1.6 刷

售價／320元

ISBN　978-986-5922-27-6

城邦讀書花園
www.cite.com.tw

廣　告　回　函
北區郵政管理登記證
台北廣字第000791號
郵資已付，免貼郵票

104 台北市民生東路二段 141 號 11 樓

英屬蓋曼群島商家庭傳媒股份有限公司

城邦分公司

請沿虛線對折，謝謝！

愛情 · 生活 · 心靈

閱讀春光，生命從此神采飛揚

春光出版

書號：OS2007X　書名：翻轉你的小資人生：學會四大理財術，死薪水也能輕鬆實現財富自由

請於此處用膠水黏貼

讀者回函卡

謝您購買我們出版的書籍！請費心填寫此回函卡，我們將不定期寄上城邦集最新的出版訊息。

姓名：＿＿＿＿＿＿＿＿＿＿

性別：☐男　☐女

生日：西元＿＿＿＿年＿＿＿＿月＿＿＿＿日

地址：＿＿＿＿＿＿＿＿＿＿

聯絡電話：＿＿＿＿＿＿＿＿　傳真：＿＿＿＿＿＿＿＿

E-mail：＿＿＿＿＿＿＿＿＿＿

職業：☐ 1. 學生 ☐ 2. 軍公教 ☐ 3. 服務 ☐ 4. 金融 ☐ 5. 製造 ☐ 6. 資訊

☐ 7. 傳播 ☐ 8. 自由業 ☐ 9. 農漁牧 ☐ 10. 家管 ☐ 11. 退休

☐ 12. 其他＿＿＿＿＿＿＿＿

您從何種方式得知本書消息？

☐ 1. 書店 ☐ 2. 網路 ☐ 3. 報紙 ☐ 4. 雜誌 ☐ 5. 廣播 ☐ 6. 電視

☐ 7. 親友推薦 ☐ 8. 其他＿＿＿＿＿＿＿＿

您通常以何種方式購書？

☐ 1. 書店 ☐ 2. 網路 ☐ 3. 傳真訂購 ☐ 4. 郵局劃撥 ☐ 5. 其他＿＿＿

您喜歡閱讀哪些類別的書籍？

☐ 1. 財經商業 ☐ 2. 自然科學 ☐ 3. 歷史 ☐ 4. 法律 ☐ 5. 文學

☐ 6. 休閒旅遊 ☐ 7. 小說 ☐ 8. 人物傳記 ☐ 9. 生活、勵志

☐ 10. 其他＿＿＿＿＿＿＿＿

請於此處用膠水黏貼